以慢制胜

钟睒睒的长期主义经营哲学

黄伟芳◎著

SPM 南方传媒 | 广东经济出版社
·广州·

图书在版编目（CIP）数据

以慢制胜：钟睒睒的长期主义经营哲学 / 黄伟芳著 . —广州 : 广东经济出版社，2022.7
ISBN 978-7-5454-8391-8

Ⅰ. ①以… Ⅱ. ①黄… Ⅲ. ①钟睒睒—传记 Ⅳ. ① K825.38

中国版本图书馆 CIP 数据核字（2022）第 107489 号

责任编辑：刘亚平　赵 娜
责任技编：陆俊帆

以慢制胜：钟睒睒的长期主义经营哲学
YI MAN ZHISHENG：ZHONG SHANSHAN DE CHANGQI ZHUYI JINGYING ZHEXUE

出版人	李　鹏
出　版 发　行	广东经济出版社（广州市环市东路水荫路 11 号 11 ～ 12 楼）
经　销	全国新华书店
印　刷	三河市华东印刷有限公司 （三河市燕郊冶金路口南马起乏村西）
开　本	889 毫米 ×1194 毫米 1/32
印　张	7
字　数	168 千字
版　次	2022 年 7 月第 1 版
印　次	2022 年 7 月第 1 次
书　号	ISBN 978-7-5454-8391-8
定　价	59.00 元

图书营销中心地址：广州市环市东路水荫路 11 号 11 楼
电话：（020）87393830 邮政编码：510075
如发现印装质量问题，影响阅读，请与本社联系
广东经济出版社常年法律顾问：胡志海律师

丛书序

为标杆企业立传塑魂：商业改变世界，传记启迪人生

在我们的一生中，总会遇到那么一个人，用自己的智慧之光、精神之光，点亮我们的人生之路。

我从事企业传记写作、出版将近15年，采访过几百位企业家，每次访谈，我通常会问两个问题："谁对你影响最大？哪本书令你受益匪浅？"

绝大多数企业家给出的答案，都是某一位著名企业家及其传记作品令他终身受益，改变命运。

可以说，企业家都曾深受成功前辈企业家传记的影响，他们以偶像为标杆，完成自我认知、自我突破、自我进化，在对标中寻找坐标，在蜕变中加速成长。

人们常说，选择比努力更重要，而选择正确与否取决于认知。决定人生命运的关键选择就那么几次，人多数人不具备做出关键抉择的正确认知，然后要花很多年为当初的错误决定买单。对于创业者、管理者来说，阅读成功企业家传记是形成方法论、构建学习力、完成认

知跃迁的最佳捷径，越早越好。

无论个人还是企业，不同的个体、组织有不同的基因和命运。对于个人来说，要有思想、灵魂，才能活得明白，获得成功。对于企业而言，要有愿景、使命、价值观，才能做大做强，基业长青。

世间万物，皆有“灵魂”。每个企业出生时都有初心和梦想，但发展壮大以后，这些初心和使命就容易被忽视。

企业的灵魂人物是创始人，他给企业创造的最大财富是企业家精神。

管理的核心是管理愿景、使命、价值观，我们通常将其概括为企业文化。

有远见的企业家重视“灵魂”，其中效率最高、成本最低的方式是写企业家传记和企业史，企业家传记可以重塑企业家精神，企业史可以提炼企业文化。以史为鉴，回顾和总结历史，是为了创造新的历史。

“立德、立功、立言”，这是儒家追求，也是人生大道。在过去10余年间，我所创办的润商文化秉承“以史明道，以道润商”的使命，汇聚一大批专家、学者、财经作家、媒体精英，专注于企业传记定制出版和传播服务，为标杆企业立传。我们为华润、招商局金融、通用技术、美的、阿里巴巴、戴尔（中国）、用友、卓尔、光威等数十家著名企业提供企业史、企业家传记的创作与出版定制服务。我们策划出版了全球商业史系列、世界财富家族系列、中国著名企业家传记系列等100多部具有影响力的图书作品，畅销中国（含港澳台地区）及国外10多个国家和地区，如日本、韩国、越南及阿拉伯地区等，堪称最了解中国本土企业实践和理论体系、精神文化的知识服务机构之一。

出于重塑企业家精神、构建商业文明的专业精神和时代使命，2019年初，润商文化与曙光书阁强强联手，共同启动“中国著名企业家传记”丛书的学术研究和出版工程。3年来，为了高标准、高品质地持续打造精品图书，我们聚集业内知名财经作家组建研究团队，进行专题研究和创作，陆续出版了任正非、马云、雷军、董明珠、王兴、段永平、王卫等15位中国著名企业家的传记作品，这些作品面世后深受读者欢迎，一版再版。

2022年，我们得到广东经济出版社的大力支持，同步推出《大力出奇迹：张一鸣的创业心路与算法思维》《以慢制胜：钟睒睒的长期主义经营哲学》两部企业家传记作品，通过对两位企业家的成长经历和创业心路的叙述、梳理与总结，为读者拆解普通人的成事密码，提供精神养分与奋斗能量。当然，我们还会聚焦更多优秀企业家，为企业家立言，为企业立命，为中国商业立标杆。

一直以来，我们致力为有思想的企业提升价值，为有价值的企业传播思想。作为中国商业观察者、记录者、传播者，我们将聚焦更多标杆企业、行业龙头企业、区域领导品牌企业、高成长型创新公司等有价值的企业，不断完善“中国著名企业家传记”丛书，重塑企业家精神，传播企业品牌价值，推动中国商业进步。

通过“中国著名企业家传记”丛书的研究创作和出版工程，我们意在为更多企业家、创业者、管理者提供前行的智慧和力量，为读者在喧嚣浮华的时代打开一扇希望之窗：

在这个美好时代，每个人都可以通过奋斗和努力，成为想成为的那个自己。

“中国著名企业家传记”丛书特约策划

陈润

2022年4月18日

前　言

“左手卖水，右手疫苗。”2021 年 3 月 2 日，据胡润研究院发布的全球富豪榜，67 岁的浙江商人钟睒睒超越马云、马化腾等，一跃成为全球第七大富豪、亚洲首富。就在 2019 年底，福布斯中国富豪排行榜上，钟睒睒的身价还不过 18 亿美元，位列第 186 位。钟睒睒成为首富之前，公众对其几乎一无所知，很多人或许连他的名字怎么读都不知道，如今他却“一朝登顶天下知”。

不可思议的转变背后，是他不可思议的人生。

他年少辍学，当过泥瓦匠，也当过木匠，在晦暗年代备尝人生的心酸苦楚。恢复高考后，他连最简单的代数都不懂，于是废寝忘食，挑灯备战，屡战屡败、屡败屡战，终于考上了浙江电大（即原浙江广播电视大学，现为浙江开放大学），迎来了人生曙光。毕业后，他辗转进入《浙江日报》工作，做了 5 年的记者，留下难以忘怀的“浙江日报情结”。

1988 年，在“敢闯、敢试、敢为人先”精神的感召下，钟睒睒主动打破“铁饭碗”，辞职闯海南，成为浙江新闻记者圈“下海”的第一人。在海南，他办过报纸，种过蘑菇，也养过对虾，经历无数次失败后，终于通过“龟鳖丸”掘到人生第一桶金。

创立农夫山泉后，他又剑走偏锋，发起一场又一场“水战”，彻底颠覆水业格局。他被称为“被卖水耽误的广告奇才”，农夫山泉旗下很多广为流传的广告创意，都出自钟睒睒之手。记者出身的他，远比许多企业家更懂得什么叫作“眼球经济”。他信奉“企业不炒作就是木乃伊”和“最好的营销就是事件营销”两大逻辑，相信创造事件、抓住公众眼球，就会抓住一切。凭借着精彩的营销和不断的乘胜追击，农夫山泉一跃登上了瓶装饮用水市场第一品牌的宝座。

虽然钟睒睒不走寻常路，喜欢出奇出新，但却深谙以慢制胜之道，是个不折不扣的长期主义者。为了寻找顶级水源，他和农夫山泉团队“十年寻一泉”，高瞻远瞩，把目光投向了整个中国，先后在南水北调中线工程源头湖北丹江口、长白山自然保护区靖宇水源以及华南最大的国家级森林公园内的万绿湖等国家级珍贵水源地建立了生产基地。为了赋予一款看似平常的矿泉水更独特的韵味，为了打造独特的高端水瓶身设计，钟睒睒不惜花三年时间，邀请来自三个国家的五家设计工作室来提供创意方案，经历58稿、300余次设计后才最终选定包装设计。钟睒睒从来不怕慢，也不怕花时间，在他看来，不谋全局者，不足以谋一域；不谋万世者，不足以谋一时。

农夫山泉稳步增长的过程中，他又紧接着进入了新的“战场”，研究起了疫苗，书写疫苗传奇：自主研发的第一个获批上市的2价国产宫颈癌疫苗，让中国成为第三个具备宫颈癌疫苗自主供应的国家；创全球第一支戊型肝炎疫苗，实现“全世界戊型肝炎防控领域的一个重大突破”。而后，他又将万泰生物这个“原子弹”送上市，连创涨停神话。

以一己之力对峙一片江湖，匠心打造农夫山泉帝国，圆商业强人梦，这就是钟睒睒。

他低调：他远离镁光灯，放弃一切抛头露面的机会，他很少公开演讲，也只接受过几次专访。连万泰生物和农夫山泉的敲钟仪式，他都未出席。

他独来独往：他不参加企业家协会。他对自己的孤傲和自负毫不掩饰，直言“我就是一个独来独往的人，同行们在干什么、想什么，我根本不管”。

他倔强较真：2000 年，他第一次主动出击，以“独狼”的姿态，挑战整个水行业，用“不能开花的水仙花”的视觉体验，将纯净水厂家们逼至死角；2009 年，农夫山泉被动卷入“砒霜门”事件，他依然我行我素，一改普通民企的低调做法，直接跟主管部门较真，结果是质检部门道歉。这位鲜在公众场合露面的浙江老板，过去屈指可数的几次被迫亮相，都是笑到最后的那一个。

他耿直：他像狼一样隐藏在暗处，随时准备扑向猎物；又像狼一样狂傲、隐忍、好斗、不合群……因此很多人评价他：“他一开口，就是要搞大事。”

他有侠义情怀：因为心中的一份农民情结，他花费数十年钻研农业，与农民建立长期的契约关系，用诚信推进中国的农业现代化。他为社会公益事业身体力行，汶川大地震发生之后，他一直奔波在抗震第一线，为救灾立下生死状，却千叮咛万嘱咐千万不要发布有关农夫山泉的救灾照片，因为他不是为了作秀。

他有大智慧：敢于急流勇退，在人生的高光时刻，他辞掉万泰生物一切职务，令世人震惊。

与其他企业家相比，钟睒睒是如此“另类”，但正是这些富有鲜明个人色彩的独特性格，成就了钟睒睒，帮助他创造了属于自己的财富帝国。钟睒睒的故事还在继续，我们有理由相信，未来，他将创造更大的传奇。

目　录

第四章 企业不炒作就是木乃伊

第五章 死磕产品，要做就做到极致

第六章 敢跟媒体叫板的“杭铁头”

第七章 把握时代风口，创疫苗传奇

第八章 高光上市，善用资本力量

第九章 低调“独狼”与侠义情怀

附　录

第一章

从泥瓦匠到记者，就是不服输

这样的日子，钟睒睒一过就是10年。期间，他不仅当过泥瓦匠，还搬过砖，学过木匠。“自古雄才多磨难，从来纨绔少伟男。”可以想象，在那10年里，钟睒睒的日子是何等辛酸、困苦，但是对他的一生而言，这样的经历却给了他无尽的营养。

辍学打工的泥瓦匠

自古以来，浙江就是富庶之地，从春秋时期经商有道、致富有方的“商圣”陶朱公范蠡，到南宋时世界领先的商业活动；从明代的湖州人沈万三在苏州发家成为江南首富，到清朝的胡雪岩移居杭州，成为世人皆知的“红顶商人”；从清末开埠后的商帮摇篮，到近代浙江民营企业的迅猛崛起……在中国历史上，浙江商人留下了浓墨重彩的一笔，他们不仅感受历史，更亲自创造历史。

中华人民共和国成立后，浙商群体更是人才辈出，既有鲁冠球、宗庆后、李书福、南存辉、徐文荣等借着改革开放的东风成长的老一辈民营企业家，也有马云、丁磊、黄峥等在互联网大潮中奋勇争先的时代新贵。在这些浙江商人身上，我们能看到很多共同的特点：能够将群体发展目标和个人财富目标结合起来，有鲜明的实干家气质，有与时代同向的使命感，在激荡岁月里，他们以敢为天下先、愈挫愈勇的精神，在各行各业里为中国构筑了市场高地和产业高地，更创造了属于自己的传奇。

在人才辈出的浙商队伍中，“钟睒睒”一直都不是一个响亮的名字，直到2020年万泰生物和农夫山泉相继上市，他才走进人们的视野，成为热议的焦点，正所谓“不鸣则已，一鸣惊人”。

与其他浙江企业家相比，钟睒睒算得上是一个典型的“异类”，他远离镁光灯，放弃一切抛头露面的机会：不参加任何企业家协会，他的身影从不出现在类似能量巨大的浙商总会、江南会等商业大佬云集的民间团体；从未担任过人大代表或政协委员；作为大股东的他，连万泰生物在上交所的敲钟仪式也缺席。

钟睒睒低调的个性，或许源于他年少时的经历。

1954 年 12 月，钟睒睒出生在浙江一个传统知识分子家庭，父母都是高级知识分子，祖父钟子逸，在北伐时期曾担任过诸暨县（现为诸暨市）第一个党支部的书记。书香门第的环境和他从小接受的教育与熏陶，决定了他从商以后的传统儒家理想人格，更使得“儒商”成为其毕生追求和终生实践的理念。

钟睒睒的名字是祖父为他取的。唐代韩愈的诗《东方半明》中有这样一句，“残月晖晖，太白睒睒”，“睒”即闪烁之意。祖父以“睒”为其命名，正是希望他有光芒万丈的未来。

不过，钟睒睒还没来得及发出光芒，便要与父母一起经历一段乌云遮日的晦暗岁月。钟睒睒读小学五年级时，“文革”初起，在这段特殊的历史时期，钟睒睒的父母从杭州被下放到老家绍兴诸暨。

中国幅员辽阔，东西横跨上万里，南北温差近 50℃，不同的地方有着不同的文化环境，一方水土也会养育出具有一方性格特征的人。诸暨这座位于浙江省中北部的小县城，历史悠久、人文荟萃，据说曾是越王勾践卧薪尝胆、图谋复国之地，为越国古都、西施故里。两千多年的历史，也未曾淡化当地人火爆、执拗、倔强的性格。诸暨人喜欢自嘲“诸暨木柁”，其实这 4 个字便能大体概括出诸暨人的性格特征:

做事喜欢直来直去，说话喜欢有一说一，不喜欢拐弯抹角，在外人看来有点“傻气”，喜欢钻牛角尖，很耿直。在诸暨这座城市，钟睒睒度过了自己的青少年时期，他深受这种地域文化的影响，他的身上也具有诸暨人的性格特点：硬气、刚强，却又经得起磨砺，内秀低调。

从小，父母就告诉钟睒睒，一定要好好读书，然而，1966 年，“文革”爆发后，学校就全面停课，来到诸暨的钟睒睒无奈地发现自己没有书可以念，没有学可以上，被迫辍学。对于热爱学习的钟睒睒来说，这段辍学经历是他一辈子无法弥补的遗憾。

当时的钟睒睒只有 12 岁，还是一个乳臭未干的毛头小伙子，却不得不面对生活的残酷。那时的他找不到其他的工作，只能拿起灰刀与板砖，跟着村子里的老师傅学习泥瓦匠的手艺，以此来谋生。

泥瓦匠的工作并不好做，小小年纪的钟睒睒一边跟着师傅学艺，一边东奔西跑，给别人干活。他背着沉重的工具箱，整日奔波在绍兴附近的十里八乡，给人砌砖搭瓦。那时的他穿着一件烂衫、一双破鞋，灰头土脸的，一做就是一天，沾满灰尘的脸上常常就剩一双眼睛露在外面，两只幼嫩的手也被磨得老茧横生，血痕道道。

在诸暨的时候，作家周介眉（笔名“梅芷”）与钟睒睒曾是邻居，他在文章《我所认识的钟睒睒》中，对钟睒睒那段做泥瓦匠的日子进行了佐证：“我们是 1972 年 5 月搬过去与钟家成为邻居的，当时睒睒在嘉兴学做泥水匠，只有过年的时候才会回到老家住上几天，所以我们很少坐在一起聊点儿什么，他有好多亲友要拜访，在家的时日不多。以后也几乎每年都这样。”[1]

这样的日子，钟睒睒一过就是10年。期间，他不仅当过泥瓦匠，还搬过砖，学过木匠。“自古雄才多磨难，从来纨绔少伟男”，可以想象，在那10年里，钟睒睒的日子是何等辛酸、困苦，但是对他一生而言，这样的经历却给了他无尽的营养。

在这样艰苦的日子里，钟睒睒也没有放弃学业，他倔强地与命运死磕到底，仍然抱书学习。他在等，等一个能够出人头地的机会。他相信，父母是不会骗他的，父母教他好好念书一定没有错。

钟睒睒的童年是不幸的，但年少时所经历的苦难是一笔大多数人花钱都买不到的人生财富。正是这段艰难的岁月磨炼了他坚韧的性子，让他拥有了顽强不屈的精神，也为他后来的成功埋下了一颗种子。

[1] 周介眉：《我所认识的钟睒睒》，江山文学网，2014-01-21，https://www.vsread.com/article-395279.html。

高考落榜，屡败屡战

1977年，由于“文革”的冲击而中断了10年的高考终于得以恢复。

那场在寒冷冬日里举行的考试是如此不同寻常，它成了千百万懵懂少年、知青的人生转折点，无数人的命运因此而改变，沉寂而迷惘的社会因此而走向生动。数以千万计曾经以为生活就是农田和工厂的年轻人，重新找到了他们忐忑的梦想和奋发的意气，重新看到了他们从来不敢想象的未来。那一年，他们接受了人生中最具变革意义的挑战，曾经单调的人生轨迹开始精彩起来，而这个国家的前途，也被重新照亮——那是一个时代的转折点，更像是一个国家的命运拐点，从此，一个新的时代来临了，中国重新迎来了尊重知识、尊重人才的春天。

高考恢复的消息让钟睒睒激动不已，他知道，自己一直等待的那个机会终于来了。他马上回到家中，告诉父母，他不打算出去干活了，他要和妹妹一起参加当年的高考。

钟睒睒的这个决定，让家里的所有人都震惊不已。

要知道，钟睒睒小学五年级时就辍学了，连最简单的代数都不懂，虽然国家鼓励年轻人把握机会、重新参加高考，但多少还是要有些基础的。而且，当时的钟睒睒已经23岁了，从头学起，谈何容易？

但钟睒睒的身上天生有一股劲，他只要打定了主意，10匹马都拉不回来，谁劝都没有用。见钟睒睒已经下定决心，父母也只好表示支持。

万事总是说起来容易做起来难。考大学考的是试卷上的知识，不是建筑工地上的手艺活。钟睒睒放下干泥瓦匠活的灰刀，拿起笔，备战高考，已经是鼓起了很大的勇气，但他的文化基础实在太差，为了补课，只能没日没夜地复习。

相比时间，复习资料更加紧缺。当时文理科都要考政治、语文、数学，文科另考历史和地理，理科另考物理和化学，外语作为参考，不计入总分。为了获得复习资料，考生们可谓是各显神通，有的寻求城里亲友油印材料，有的则拿出留了10年的中学教材开始复习。钟睒睒费尽九牛二虎之力才找到了复习资料。为了把那些资料"啃"下来，他每天废寝忘食、挑灯夜读，一刻都不敢懈怠。

作家周介眉曾与他一同备考，他回忆道："睒睒就不信邪，不屈不挠地啃起硬骨头来。我那时也正开始自学数理化与英语，这样，与他们兄妹俩便有了学习交流的机会。年代久远，别的印象已经模糊，记忆最深的是他手捧一杯热茶，披着件旧大衣，趿着双破棉鞋，踢踢踏踏地上我这里跑一圈，有时为了探讨某个难题，有时什么也不为，就那么转一下，调剂调剂紧绷的神经。”[1]

最终，经过激烈、公平的竞争，27.3 万年轻人从千军万马中脱颖而出，迈进了梦寐以求的大学校园。可惜的是，钟睒睒落榜了。

对钟睒睒来说，这个结果并不意外，毕竟，已经有 10 多年没有系统学习过了，也没有什么钱去报补习班。但钟睒睒不服输，在得知落榜的消息后，马上又开始了新一轮学习，备战下一年高考。

可惜的是，虽然钟睒睒全力以赴，但底子太薄，还是与分数线差了 20 多分，未能如愿进入梦想的大学。

此时，钟睒睒终于清醒地认识到，10 多年来，自己落下的课程实在是太多了，想在短时间内补好，实在是太难了。有了这样的认识之后，他就没有参加第三次高考，而是听从父母的建议，去读了浙江电大中文系。

浙江电大是举办成人教育的学校，其入学门槛要比统招的本科大学低很多。钟睒睒进入电大学习，也算是圆了他的大学梦。

“那个年代，考不上大学的都去了电大，凭着电大的文凭，我进入了《浙江日报》。感谢电大。”作为浙江电大 85 届校友，钟睒睒曾给母校录了这样一段赠言视频，表达了对母校的感恩。

电大是非全日制的，因此，钟睒睒要一边打工一边读书，又苦又累。尽管如此，他仍然如饥似渴地学习，因为他始终相信，知识可以改变

[1] 周介眉：《我所认识的钟睒睒》，江山文学网，2014-01-21，https://www.vsread.com/article-395279.html。

命运。事实也的确如此，虽然浙江电大文凭的含金量没有通过高考考上的大学那么高，但却成为钟睒睒改变命运的一个支点。

命运或许无情残酷，却无法阻挡一个奋勇向前者的脚步。屡战屡败、屡败屡战，在逆境中成长的钟睒睒终于迎来了人生的曙光。

难以忘怀的“浙报情结”

从浙江电大毕业时，钟睒睒已到而立之年。

毕业后，钟睒睒在浙江省文联顺利找到了一份工作，专门负责管理基建。在当时来说，这份工作算得上是“铁饭碗”，但钟睒睒不喜欢。枯燥单调的工作、机械重复的烦琐事务，让他感到既乏味又无聊。

钟睒睒骨子里有一颗不安分的心，这样的生活难以满足他，他希望自己的人生能更加波澜壮阔一些，同时他也希望能实现自己心中的写作梦。于是，经过慎重思考后，他毅然决然地辞去了这份安稳的工作，到一家名叫《江南》的杂志社当编辑。

按理说编辑也是“文化人”，薪资不低又有面子，在那个年代已经算是很好的工作了，但渐渐地，钟睒睒又感到不满足了。他觉得，做编辑虽然也是与文字打交道，却总是有种隔靴搔痒之感，他更希望成为一名记者，“铁肩担道义，妙笔著文章”，这样的日子，才痛快淋漓。

成功的人，永远都是愿意去折腾的人。因为愿意折腾，跟永不服输是画等号的，而永不服输是一个成功创业者必须具备的精神。尤其是在那个百废待兴的年代，敢闯敢拼的人都是基于过往折腾的经历，这些经历都将成为他未来成功路上的垫脚石。钟睒睒就是一个爱折腾的人，当他觉得编辑这份工作无法让他获得成就感后，他便毫不犹豫地决定再“折腾”一番。

恰巧，当时《浙江日报》正在招聘记者。《浙江日报》是浙江最知名的报刊，在全国范围内都有很大的影响力。不过，进入这家报社并非易事，需要通过严格的考试，用“过五关斩六将”来形容也不为过。钟睒睒一点儿也不畏难，下定决心背水一战。

当时，钟睒睒住在浙江文联的一栋宿舍楼里，为了备考，他每天勤学不辍、夜以继日。据说，马云 20 岁那年为第三次高考做准备时，复习的地点就是浙江文联的宿舍楼，而钟睒睒正好住在他的楼上，一来二去，两个人渐渐熟络，互相鼓励，两个房间的灯光经常亮到深夜。因为已经有过两次高考失败经历，马云的“三番战”承受了巨大的心理压力。在他几乎撑不住的时候却听到了“战友”钟睒睒成功进入《浙江日报》的消息，受到巨大鼓舞，摆正心态迎接高考。成绩出来后，马云总分离本科线还差 5 分，但幸运的是，恰逢杭州师范学院英语专业本科降分录取，他终圆大学梦。

不过，据资深浙商研究专家杨轶清说：“据我所知，两人早年曾经住在同一个家属院，虽然钟睒睒比马云大 10 岁，两人估计应该认识，但公开场合我们看不到两人有交集，是否有私交不得而知。”可见，这段传说恐怕只是坊间传闻罢了。

但可以确定的一点是，经过艰苦努力后，钟睒睒如愿考入了《浙江日报》，成了报社农村部的一名记者。

众所周知，记者这个职业对个人能力的要求是很高的，它不但要求从业者有深厚的文化底蕴，同时还要有极高的情商和迅速的临场反应能力。而钟睒睒仿佛天生就适合做记者，凭借敏锐的嗅觉，他在采访的过程中总能挖掘出一些关键的信息。这样的能力让他在记者这个岗位上做得风生水起。

1985 年 1 月 4 日，《浙江日报》头版头条刊发了钟睒睒采写的一篇对杭州粮油化工厂科技人员洪孟学的采访稿《洪孟学为啥出走》，文章在社会上引起了强烈的反响，同时也让他声名鹊起。

在那个年代，正在崛起的乡镇企业苦于缺少科技人才，无法使用新技术，开发新产品。而许多国有企业的科技人员徒有技术而无用武之地，又不允许人才合理流动。人们视从国有企业流动到乡镇企业为“大逆不道”，甚至主张对他们采取严厉制裁，如吊销他们的城市户口，等等。钟睒睒写的这篇通讯稿的主人公洪孟学，原本是杭州粮油化工厂的科技人员，工作积极、才华横溢，出了很多重要的科研成果，曾在全国性的学术刊物上发表过多篇论文。1981 年全国第三届淀粉糖会议通过的《全国饴糖质量标准（试行草案）》就是由洪孟学执笔修订的。可是，洪孟学在原来的国营单位一直受到压制，一片报效之心却无人赏识，才能更是无法得到发挥。在忍无可忍的情况下，他只好离职，加入了一家乡镇企业。在那里，洪孟学被奉为“宝贝”和“财神”，很快成为生产技术科长，担任试制多种淀粉生产工艺线的总指挥，短短几个月时间，新生产线就建成投产，一个科技人员的作用得到了充分发挥。

在当时，这个事情被称为是“挖社会主义的墙脚”，但钟睒睒却冒着被批判的风险，运用洪孟学这个典型人物，在文章中观点鲜明地批判了有些机关单位领导压制科技人才的现象，旗帜鲜明地提出“乡镇企业也姓社，不姓资”，国有企业的科技人员到乡镇企业去工作，同样是为建设社会主义做贡献。文章中的很多观念，现在读起来也不过时。

时任《浙江日报》总编辑的郑梦熊看到钟睒睒的这篇通讯稿以后，被这篇通讯稿所反映的重大主题和生动情节所感动，连夜赶写了一篇题为《洪孟学出走说明了什么》的评论员文章，对钟睒睒的观点表示支持，指出，领导干部一定要尊重人才，善于识才、爱才和用才。允许人才合理流动，是党和国家尊重和保护人才的一项重要政策。授予知识分子以辞职权，利于暴露和孤立那些打击、压制知识分子的领导者。这样既使人尽其才，国不受损，又可以冲一冲那种人才的“部门所有制”，改变那种“一潭死水”的现象。

钟睒睒的这篇通讯稿再配合评论员文章在《浙江日报》一版显著位置发表以后，引发了人们对这个事件的大讨论。很多人给《浙江日报》寄信，有人同情洪孟学的遭遇，为他鸣不平；有人认为洪孟学做得不对，国有企业培养的人才，怎么能辞职到乡镇企业去工作，这是国家的损失，这就是“薅社会主义羊毛”。

无论褒贬，这篇文章都引起了人们对人才得不到重用问题进行深刻的反思，对于解放思想、改革开放起到了良好的促进作用，在江浙地区影响颇广。一些压制人才的单位领导感到了压力，许多被压制的科技人员受到了鼓舞。一时间，不少与洪孟学有同样遭遇的科技人员，也纷纷冲破“一潭死水”，采取多种方式辞职去乡镇企业工作，在那里找到了用武之地。当时的省乡镇企业局负责人专门给《浙江日报》写了一封信，表示热烈欢迎科技人员到乡镇企业这个广阔的天地中去施展才华，实现自己的科技报国梦。

这件事既体现了钟睒睒作为一名记者的职业操守，更将其打抱不平、仗义敢言的性格展现得淋漓尽致。因为这篇文章，钟睒睒成为当时《浙江日报》农村部的新星。崭露头角之后，他在这一岗位上兢兢业业地干了5年，几乎跑遍了浙江80多个县市，采访过500多位企业家。

记者的工作经历，让钟睒睒磨炼出强大的文字能力，因为工作能力突出，他经常得到领导的赞赏。但钟睒睒的收获不仅于此。在这5年里，他结识了一帮有名气、有能力的企业家，从他们身上，他学习到了经商思维和实干品质，这为他日后建立自己的商业帝国，打下了坚实的理论基础。更重要的是，通过采访，他积累了丰富的人脉资源。熟悉钟睒睒的人称，现在钟睒睒的很多亲密朋友都是当年他在记者岗位上认识的。颇具戏剧性的是，后来，他与当年的采访对象洪孟学在海南重逢，两个人成了非常默契的创业伙伴。可见，人生没有白走的路，没有白过的桥，经历就是财富。

钟睒睒在《浙江日报》待了5年，至今，他还非常感念那段记者生涯，曾多次称自己怀有“浙江日报情结”。每次回浙江日报社开座谈会，钟睒睒都会表示感谢，说当记者的经历对他的事业发展很有益处。

第二章

记者下海第一人

对钟睒睒来说，这个“第一桶金”不只是财富意义上的资本积累，更是一种商业逻辑的了悟。经营一桩生意并赚到钱固然重要，但明白如何才能赚到钱显然更加重要，就像点石成金的金子自然是十分珍贵的，但是点石成金的那个手指头更珍贵。

弃笔从商，立时代潮头

在当记者的那几年里，因为职业的原因，钟睒睒了解到了更多的社会发展动态，他敏锐地嗅到了一种趋势：随着市场经济的兴起，民营经济的春天马上就要到来了，这种趋势正是这个时代的巨大风口。谁能把握住这个风口，谁就能成为时代的弄潮儿。

当时市场经济正在蓬勃发展，一些先行者们勇敢地投身于市场经济的浪潮中，并因此赚得盆满钵满。甚至一些政府官员及其他一些捧“铁饭碗”的人，也都不甘于安稳的生活，纷纷下海经商。钟睒睒通过采访这些成功的企业家，了解到他们极具传奇色彩的发家史，野心勃勃的他再也不能对市场经济带来的千载难逢的机遇置之度外。

此时的他虽然已经产生了“折腾”的想法，但仍未下定决心。

1988 年 4 月 13 日，经第七届全国人民代表大会第一次会议通过，国家正式批准成立海南经济特区，这座位于中国南部边陲的海岛成为中国最年轻的省份和唯一的省级经济特区。从那之后，海南便进入了共将要扮演的历史角色，也成了全国各地淘金者的“理想国”。自 1989 年开始，一批又一批的青年俊才，在“敢闯、敢试、敢为人先”精神的感召下，怀揣着梦想，跨越琼州海峡来到海南，希望在这片热土上创造属于自己的一片事业。

当时，《浙江日报》的3个版面都在报道海南经济特区，钟睒睒动心了。经过深思熟虑，他向浙江日报社的领导提出了停薪留职的请求。

多年前钟睒睒写的一封信或许能透露出他当时的心迹，他在信中这样剖析自己："以前太可怜了，可怜自己那种莫名其妙的自尊与清高，对所有商人都不屑一顾，这实在是太浅薄。商人中的能人才是真正的强人，文人中的能人只是半个强人。"或许正因为如此，他才下定决心，选择了能做真正强人的从商之路。

作为浙江日报社冉冉升起的新星，报社对钟睒睒寄予厚望，因此，他的辞职申请让领导们大为不解。钟睒睒的老同事、《浙江日报》资深编辑吴有德回忆："钟睒睒当记者的时间虽然只有5年，但他正趋于成熟的时期，很有希望成为一名优秀的新闻工作者。而报社当时也很需要像他这样有头脑、有冲劲的年轻记者。所以面对钟睒睒的'下海'请求，编委会和郑梦熊同志感到非常为难，但经过再三考虑，最后还是把它作为人才合理流动的问题来处理，最终批准了钟睒睒辞职'下海'的请求。"[1]

1988年4月，钟睒睒正式递交辞职信下海，成为浙江新闻记者圈"下海"的第一人。

除了钟睒睒，从记者转行成为企业家的人还有很多，比如龙湖地产创始人吴亚军，曾在《中国市容报》做了几年记者；IDG资本董事长熊晓鸽也曾在全球最大的出版机构卡纳斯公司工作，担任过《电子导报》亚洲版的编辑。他们与钟睒睒都有一个共同特点，那就是拥有

[1] 吴有德：《回眸那一场人才流动"冲击波"》，《浙江老年报》2008年10月17日。

敏锐的嗅觉和准确的判断力，这正是他们通过从事记者工作练就的。

钟睒睒辞职下海的消息仿佛一个惊雷，让很多人震惊不已。在那个年代，他的这个举动相当于扔掉一个“铁饭碗”自谋生路，无论是家人、朋友，还是同事，大都不理解他为什么这么做，还有人为他惋惜，认为他做出了一个错误的选择，以后一定会因此后悔。但钟睒睒看到的却是海南经济特区的发展前景，他相信，他一定能在海南找到属于自己的一片天地。

作为当时中国最新设立的省级经济特区，海南裹挟着市场经济的春风，吸引了天南海北的无数年轻人。万通集团创始人冯仑、SOHO中国创立者潘石屹、海马集团董事长景柱、中视集团董事长刘文军等，都是在那一时期来到海南的。人们把这里看作另一个深圳，对它寄予厚望。当时，海南岛满大街都是充满激情、梦想与志向的创业者，大家谈论新事物，探讨新想法，充满活力和激情。后来冯仑曾说：“那个时候海南就像是一个大县城。人人都充满了希望，眼里都放着光。”钟睒睒也是众多两眼发光、走路带风的年轻人之一。虽然初来乍到，但他已感受到海南的勃勃生机与无限希望。

那时的海南，虽然经济已经开始快速增长了，但很多地方的基础设施仍然不完善，像钟睒睒这样的第一代“闯海人”，对于当时海南的第一观感就是“荒芜”。但作为刚刚成立的经济特区，这里也充满机遇。钟睒睒将在这片荒芜而又充满机遇的土地上找到属于自己的未来。

1988 年，海南未来几十年的高速发展历程正式拉开了帷幕，钟睒睒的创业故事，也有了一个慷慨激昂的开端。

创业先试错

10 万青年闯海南，初到时，他们几乎一穷二白，离开时不少人身家千万。在他们的人生履历中，敢于尝鲜冒险的“闯海人精神”成了共同的烙印。他们的故事，也展现了那个“摸着石头过河”年代，海南经济特区所经历的跌宕。钟睒睒在海南的创业，也是从试错开始的。

“跟那些草根的企业家相比，钟睒睒是一个文人。”曾在浙江卫视广告部任职的周伟成是这样评价钟睒睒的。的确，下海后的钟睒睒还是不改文人本色，当绝大多数的“闯海人”急功近利，一股脑地炒房、炒地的时候，他想做的第一件事，却是做回自己的老本行——创办中国第一份私营报纸。他有一个不平凡的抱负，想干一番大事业。

当时，钟睒睒住在位于海口市机场西路 8 号的南天大酒店，这是海南第一批挂三星的高档涉外星级酒店，是海口市的地标性建筑。这家酒店的303室，原本是一间普通的客房，但在1989年7月1日这一天，却被印刷在一张对开大报的报尾，成为报社地址。这张报纸就是钟睒睒创办的《太平洋邮报》。

钟睒睒之所以给报纸起名为《太平洋邮报》，是希望它能临南海而怀大洋，可谓雄心勃勃。在创刊号上，钟睒睒亲自撰写了一篇《创刊启事》：

邮报，乃传播之源，信息之桥，事业之友，希望之窗。在世界邮报之林中，中国第一张邮报——《太平洋邮报》，应亚太时代之运，乘海南开放之潮，破土而出！

邮报延聘海内外高级编辑、国际经贸专家，以及中外实业界、理论界人士，联合组成“太平洋报业集团”，以“邮报”作桥梁，帮助中国实业界、理论界打开“门户”，走向世界；帮助港澳同胞、海外侨胞和外国投资者透过“窗口”，了解中国。

邮报是一张立足海南，背靠大陆，面向太平洋，辐射全世界的外向型、综合性报纸，辟有“宇宙流”“亚太视像”“中国人经济圈”“创业潮”“企业之星”“企业家沙龙”“大学生之路”、“海峡对话”“天涯放语”“浪拍絮语”“社会多棱镜”等专栏。

邮报是中国新闻改革的产物，她以太平洋报业集团公司为主办单位，以“国际公共关系协会中国分会”为联络媒介，广泛联合海内外经济界、理论界，实行国际化、多元化、立体化的操作，竭诚与具有开拓之志的各界人士携手奋进！[1]

创刊号的头条文章是《外商纷纷评论中国局势：开放经济受到全民支持》。该文报道的观点是：外商对中国局势做出乐观估计。消息采集了香港首富李嘉诚、日资银行、英中贸协副会长等发表的观点。

[1] 《〈太平洋邮报〉敬告读者》，《开发研究》1989 年第 1 期。

头版报眼位置刊登大字标题的文章《世界视线转移太平洋》，评述美国在亚太地区的角色，分析戈氏访华为何未引起“外交地震”。

一张小小的创刊号，承载了钟睒睒太多的理想与情怀！但令人惋惜的是，书生的文人情怀最终还是被冷酷的现实击溃。虽然钟睒睒踌躇满志、满腔热情，但这份面向太平洋的《太平洋邮报》最终没有如愿走向世界，早早夭折了。

在钟睒睒成名之后，很多媒体都将他当年创办邮报的失败原因归结为“即使是在新成立的经济特区，报纸刊号仍然是私人无法涉足的禁区”，但事实并非如此，这份报纸在当时已经正式发行，国内统一刊号是 CN46-0014，对开四版，一四版套红，定价是每份人民币 0.20 元，港币 0.40 元。虽然钟睒睒的报纸梦未能实现，但他创立的《太平洋邮报》作为海南建省办经济特区期间拥有国内统一刊号的正式报纸，足以载入经济特区新闻的史册。

经历了第一次失败，钟睒睒一度苦闷惆怅、心酸无奈……但对饱经磨砺的他来说，这点挫折算不了什么。很快，他就重整旗鼓，开始了第二次折腾。凭借做记者时积攒的人脉，钟睒睒结识了一位“种蘑菇发家”的老板，在这位老板的指导下，他开始了一个更加务实的农业项目：种蘑菇。也是从此时开始，钟睒睒彻底从“文”转“商”，开启了“为商”的后半生。

当记者时，钟睒睒是专门跑农业口的，懂一些农产品种植经营知识。根据经验，海南气候潮湿闷热，蘑菇应该像雨后春笋一样蓬勃生长，但真正种起蘑菇来，他才发现，这不过是他一厢情愿罢了。“问题出在湿度上，海南早晚都很湿润，但我们不知道，偏偏中午有一段时间特别干燥，蘑菇的嫩尖刚抽出来，一个中午就马上干枯。”[1]这样的气候条件对蘑菇的生长极为不利，最终，钟睒睒的蘑菇项目也像《太平洋邮报》一样，以失败告终。这个项目让钟睒睒明白了从事农业但不懂产品习性和技术，再多的投资都是枉然的。

这两次创业，钟睒睒投入了自己的全部积蓄，却接连遭遇失败，钟睒睒不但没能赚到第一桶金，反而还赔了个底朝天。据他回忆：“最困难的时候，账户上已经一分钱都没有了。”

后来，钟睒睒总结经验：“一个小企业要发展壮大，它所经营的种类必须具有唯一性，而且必须是暴利的，因为没有规模效应来供你慢慢积累。”

这之后的几年里，钟睒睒继续着自己的“折腾”，他在海口摆过地摊，在府城卖过窗帘，又通过熟人介绍，去万泉河边上养对虾。

当时，养殖对虾号称是“印钞机”，但是对虾的价格受市场的影响非常大。钟睒睒养对虾时，恰好赶上东南亚对虾市场波动，对虾价格一落千丈，他的对虾根本卖不出去，最后只能低价处理，这导致他又欠了一堆债，真是“屋漏偏逢连夜雨，船迟又遇打头风”。这个项目让钟睒睒学会了从事农业一定要了解市场、不能盲目跟风。

有人说，每个人看到的世界都是不一样的，每个人对同一个机会的认知也会有不同的思维模式和维度，不同的认知意味着各自完全不同的选择，并最终获取不同的结果。你所赚的每一分钱，都是你对这个世界认知的变现。你所亏的每一分钱，都是因为你对这个世界的认

---

[1] 隋馨：《农夫山泉董事长：最会“生孩子”的老板》，《科技日报》2009年12月14日。

知存在缺陷。一个人永远也不可能赚到超出自己认知范围之外的钱。钟睒睒的经历恰好验证了这个道理。5 年的农业农村记者生涯，对于之前当泥瓦匠、木匠的钟睒睒来说，肯定是极大地开阔了眼界，增长了见识，但是创业之后，这段经历好似又在无形中禁锢了他的认知，让他只能在自己熟悉的领域里打圈圈，因为种种原因而接连遭遇失败。

作为一名浙江商人，钟睒睒身上有着传统浙商吃苦耐劳、百折不挠的特质。他始终坚信自己的选择，虽然屡战屡败，但屡败屡战。在很长的一段时间里，他在创业路上就这样摸爬滚打。是金子总会发光，是真英雄莫问出处，但求耕耘，收获终会到来。

“窜货”风波

一连几年，钟睒睒都在海南这片火热的天地不断试错，此时的他已经没了刚到海南时的雄心万丈，心中充满失落彷徨。但对少年时就备受磨砺的他来说，这样的煎熬倒也不至于难以承受。无论创业有多艰难，他始终在积极寻找新的机会。

此时，在千里之外的杭州，他的一位叫宗庆后的浙江老乡，也在义无反顾地进行着自己的创业冒险。

钟睒睒和宗庆后，代表了两种鲜明的中国企业家形象。

他们都是浙商，都是一家企业的灵魂，都出身草根，都擅长营销。钟睒睒做人低调，做事高调，喜欢讲故事，善用资本的力量；宗庆后为人高调，做事务实，相信自己的力量，不喜欢用资本的奇技淫巧，认为钱要一分分地挣。

不过，回到故事最开始的时候，宗庆后的起点并不比钟睒睒高多少。他比钟睒睒大 9 岁，出生在距离诸暨不到 100 公里的杭州，据说是宋朝名将宗泽之后。因为家庭成分不好，初中毕业后，宗庆后先是去了舟山的一个农场插队，然后又兜兜转转到了一个茶场做茶工。受恢复高考和大返城的影响，知青们考学的考学，返城的返城，宗庆后下放外地的弟弟们也陆陆续续返回了杭州。早就厌倦茶厂枯燥生活的宗庆后也非常想返城，但文化底子薄的他既无法通过高考改变命运，也没能力找到肯接收他的单位。后来，宗庆后的母亲办了退休，让儿子顶替她在工农校办纸箱厂的岗位，宗庆后这才得以回到杭州。

1987 年，全国各地如火如荼地推行着承包责任制。杭州市上城区教育局也决定试行，将教育系统内几家亏损大、效益不好的企业承包出去。在工农校办纸箱厂当了 9 年推销员的宗庆后敏锐地意识到这是一个难得的机会，于是，他四处筹借了 14 万，与两名退休老师一起，承包了连年亏损的杭州上城区校办企业经销部，在 32 岁的年纪决定从零开始创业。

根据承包合同，宗庆后要在一年的时间里赚取 10 万元的利润。在当时那个年代，要做到这一点谈何容易？没办法，宗庆后只能骑着三轮车在各所学校之间卖些冰棒、汽水、橡皮、作业本之类的小东西，在叫卖吆喝声中辛苦地攒着一分一厘。然而，经营这些小买卖，利润实在是太过微薄，想靠这个实现经销部的盈利目标，是绝对不可能的。

为了走出困境，宗庆后开始寻找新的经营方式。有一次在看报的时候，一种名为“中国花粉口服液”的儿童营养品引起了宗庆后的关注。当时保健营养品在中国刚刚兴起，而且这种口服液定位独特，针对儿童，有一定差异性。儿童最集中的地方是小学，而小学是宗庆后这段时间跑得最勤的地方，他与周边各学校的主管部门领导都非常熟悉。宗庆后就想，如果让自己的经营部利用校园渠道来推销这种口服液一定没有问题。巧合的是，生产口服液的厂家因开拓市场需要，主动找到了宗庆后。双方一拍即合。对过去只经营学生用品和棒冰的宗庆后来说，代理儿童营养液可是一项利润不菲的大买卖。创业一周年，宗庆后拿出了一份很漂亮的成绩单，全年销售总额436万，员工也增加到130人。

规模扩大之后，问题也跟着来了，养活一家130人的企业需要有足够的利润，可是代加工业务并没有那么高的利润。这时又有媒体报道花粉含有激素，如果属实，宗庆后面临的将是工厂的倒闭。宗庆后向厂家提出研发新产品，但是他们并不同意。

无奈之下，他决定开发自己的保健品。1989年，在同事的介绍下，宗庆后找到浙江医科大学医学营养系的教授朱寿民，顺利研发出“娃哈哈儿童营养口服液”，并立马上线杭州娃哈哈营养食品厂，开始全面铺开。

从1989年到1991年的三年时间里，宗庆后把业务伸向全国各地。他把进军全国的首个目标选在了经济发达、市场空间大、品位很高、主导商品发展潮流的上海。上海是离杭州最近的全国商业中心，交通便利，四通八达，物流运输快捷，对于人本营在杭州的娃哈哈而言，市场开拓成本最低，却又具备全国性的战略意义。

“舍不得孩子套不住狼”，宗庆后几乎拿出在浙江市场上攒下的全部家底砸向上海的电视和报纸，全方位地进行媒体轰炸。上海人对这个来自杭州、在农村下乡15年的乡巴佬开始刮目相看，带着谨慎的心态和好奇的心理，试着给孩子买儿童营养液，结果发现，喝了娃哈哈，孩子的胃口真的变好了，这下他们相信广告上说的没错，口碑迅速传开。仅用一年时间，宗庆后就用他的“三板斧”顺利砍开了京、津、沪3个大城市的大门。

到1991年，宗庆后以8000万兼并全国罐头生产骨干企业之一的杭州罐头食品厂，成立杭州娃哈哈集团，并实现产值破亿，发展势头极猛。随着生意越做越大，宗庆后也成了全国知名的企业家。

为了扩大产品覆盖面，搭建更广阔的销售网络，宗庆后开始在全国招募代理商。此时创业不顺的钟睒睒，看到报纸上铺天盖地的保健品广告，对保健品市场充满了憧憬。当他得知娃哈哈在招募代理商的消息后，便千里迢迢从海南返回杭州，在朋友的推荐下，他一举成为娃哈哈儿童营养口服液在海南和广西两个省份的总经销商。

代理娃哈哈口服液，是钟睒睒和宗庆后在生意上的第一次交集，但这次合作并不愉快。

在海南、广西两地销售娃哈哈营养液，让钟睒睒挣了些钱。虽然只是代理商，但是背靠娃哈哈，又正值全国保健品市场火爆期，自然要比种蘑菇、摆摊卖窗帘、养对虾挣钱容易得多。

但是这样顺利的日子没过多久，钟睒睒的代理商资格就被宗庆后取消了。

关于原因，在网络上有两种传闻，一种传闻是钟睒睒在做娃哈哈总代理的时候曾经做过“窜货”的事。

因为海南是新开发的经济特区，娃哈哈给了代理商非常优惠的价格；另一方面，娃哈哈儿童营养口服液在广东的口碑很好，市场价也远远高于广西和海南。有差价就存在牟利，钟睒睒看准了这个机会，他悄悄把拿到的低价娃哈哈口服液从计划投放的海南转移到广东湛江高价销售，从中赚取差价。这种“窜货”行为很快就被娃哈哈集团发现了。当时娃哈哈为了管控经销商渠道，对“窜货”是明令禁止的，一经发现，严惩不贷，因此，钟睒睒便被宗庆后踢出了娃哈哈代理商的队伍。

另一个传闻是因为海南的供货价比较低，所以有人上门找钟睒睒谈合作。想以他的名义，让他向娃哈哈总部进货，然后加点价卖给自己，这样他什么也不用干就能挣钱。但是钟睒睒坚持原则，不愿意这么干。来人受挫，很伤面子，怀恨在心，为了报复，就放出谣言，说钟睒睒“窜货”到广东。宗庆后知道后，冤枉了钟睒睒，取消了他的代理商资格。

这两个传闻究竟哪个是真、哪个是假，恩恩怨怨、谁是谁非，恐怕只有钟睒睒和宗庆后这两位当事人心知肚明了。

无论如何，祸兮福所倚，如果宗庆后没有取消钟睒睒的娃哈哈代理商资格，或许今天娃哈哈的商业故事又是另一个脚本了，而农夫山泉的故事恐怕也无从谈起了。

当然，对钟睒睒来说，这次经历最大的价值在于，他发现了饮料行业的高利润，这也为他后来创立农夫山泉埋下了伏笔。

这是两人第一次结怨，此时的钟睒睒，完全不是宗庆后的对手。但谁又能想到，这之后的 30 年间，两人数次交锋，皆是已成气候的钟睒睒占上风。

到此为止，钟睒睒的人生之路充满挫折，似乎没有一件事是顺心如意的。但强者之所以为强者，就是因为他从不把命运当成自己的借口，总是千方百计地逆流而上。而命运也不会辜负一个顽强执着的人，很快，善于把握机会的钟睒睒就迎来了人生的曙光，也正是这次转折，开启了钟睒睒的商业传奇。

财富起点：龟鳖丸

1986 年，钟睒睒还在《浙江日报》当记者的时候，曾经写过一篇叫《白菊花生产的风波》的调查报道，报道中他详细介绍了杭州白菊花是怎样在信息不对称的情况下从每半斤 1.2 元猛涨到 15 元，最终又暴跌到两三角的事。这篇文章当年获得了浙江省好新闻一等奖。

在这篇文章的结尾，他写道："商品经济是一个大课堂，杭州白菊大起大落就是一篇生动的重要课文，无论是生产者还是经营者，领导者还是信息传播者，以及一切参与这场风波的人们，围绕这篇课文联系实际好好学习、讨论一番，可以从中得出许多启示。"

或许正是从那时起，钟睒睒就已经看到了信息不对称下隐藏的巨大商机。

被娃哈哈取消代理商资格后，钟睒睒打算自己干。历经数次失败，几番摔打后，钟睒睒反而更加坚定了创业步伐，而且比一般人更善于洞悉商机。

有一次，钟睒睒应朋友的邀请，到一家饭店赴宴。在吃饭的过程中，他发现了一个有趣的现象：几乎每桌客人都点了一种用海南当地的特产鱼和鳖熬制而成的养生汤。他也好奇地点了一份来尝尝，发现这种汤既美味又营养，无怪乎大受食客的欢迎。

钟睒睒喝着喝着，就品出了其中的商业价值：这么好的食材，为什么不包装成保健品?

1987 年，杭州保灵推出了一款保健品——“人参蜂王浆”，拉开了中国保健品市场的序幕。到 20 世纪 90 年代，随着市场经济的不断繁荣和老百姓对保健品需求的爆发，各种保健品开始高歌猛进，创造了一个又一个神话。无论是城市街头，还是农村的犄角旮旯，都贴满“三株口服液”“红桃 K”“太阳神口服液”“太太口服液”“昂立 1 号”“脑白金”的广告标语……在这些企业铺天盖地的广告宣传下，保健品行业完成了市场教育工作，掀起了前所未有的消费浪潮。1991 年，全国保健品市场的营业额突破 100 亿元，中国保健品市场走向第一个巅峰。钟睒睒想趁着这股东风，进军保健品行业。

此时的钟睒睒已经有了一些积蓄，并且经过这段时间的代理商经历，了解了保健品行业的具体运作流程，就像是武林人士打通了任督二脉一样，功力大增。因此，他摩拳擦掌，准备大干一番。

经过仔细的考察与研究后，1993 年 10 月，海南养生堂药业有限公司在海口正式成立。钟睒睒之所以给这家公司取名养生堂，是为了对标同仁堂这家百年老店，同时也是为了搭配第一款产品：养生堂龟鳖丸。也是在这一年，史玉柱创立了巨人集团，进军软件行业，推出中文笔记本电脑等炙手可热的产品。但谁能想到，6 年后，巨人集团为了还债而转型保健品行业。

养生堂龟鳖丸是钟睒睒特意聘请了 3 位中医药大学的专家，花了 8 个月的时间研究出来的。与各类保健口服液不同，龟鳖丸是粉剂，它以天然龟鳖为原料，根据中医传统理论，用现代超低温冷冻研磨技术，在零下 196℃下使全龟、全鳖脆化成微粉制成的。据说，采用这样的技术，既能保存龟鳖自然物质的生理活性，又有利于人体吸收。

说到这里，有一个人不得不提，那就是洪孟学。洪孟学是钟睒睒所写的《洪孟学为什么出走》一文的主人公，当年在采访洪孟学时，钟睒睒就非常佩服他敢于从国营单位“出走”的勇气。从某种程度上说，钟睒睒后来辞职下海也或多或少受到了洪孟学的影响。

机缘巧合的是，在海南，两个人竟然相遇了。都说他乡遇故知是人生一大幸事，对钟睒睒来说，洪孟学不仅是他的“故知”，更是他创业路上的得力伙伴。养生堂公司成立后，应钟睒睒之请，洪孟学成为公司的总工程师，负责技术开发，超低温冷冻研磨技术就是他研发出来的，后来成为龟鳖丸的一大卖点。

“养生堂龟鳖丸”一经推出，就在市场上引起了强烈的反响。因为概念独特，第一批产品很快就被抢购一空。只用了短短一年的时间，龟鳖丸就从海南卖到了全国，养生堂随之崛起，在 20 世纪 90 年代问世的诸多保健品品牌中占得一席之地，钟睒睒也因此赚得了人生的第一个 1000 万。他与洪孟学一文一理的默契搭配故事也成为改革开放后下海经商潮中的一段佳话。

钟睒睒对营销的擅长在当时就已显现出来。在龟鳖丸的广告中，他将宣传点主要集中在医用效果上，称其对多种疾病均有辅助治疗作用，具备确切的“免疫调节”功效。为了强化宣传效果，钟睒睒还利用各种活动打造品牌的营销方式，吸引眼球。他以龟鳖丸冠名，在浙江、江苏、上海、广东、福建、湖北等地开展“寻找病友”活动，给病友提供龟鳖丸优惠卡，还开展中华医学会龟鳖医药用价值研讨会、药理学术会和专家认证会，让专业的人为龟鳖丸站台。在之后几年里，他还陆续赞助了央视的“1998 年法国世界杯”和国家北极科学考察活动等。即使在接受采访时，他也不忘打广告——他说自己每天都要给小女儿吃一粒龟鳖丸，再送她去学校。

当时在市场上还有另一款炙手可热的产品——“中华鳖精”。与龟鳖丸相比，中华鳖精可谓大有来头。在1993年的德国斯图加特田径世锦赛上，中国长跑运动员王军霞拿到了女子10000米的金牌，这是中国运动员第一次在田径项目上成为世界冠军。那时候王军霞的风头，比后来的刘翔更盛。随后她的队友又相继拿下女子3000米、1500米的金牌，中国女子长跑队一下就火了。大海航行靠舵手，这支被称为“马家军”的队伍的教练——马俊仁，也火了。

“马家军”载誉而归后，马俊仁很快做起了生意。“姑娘们为什么跑得那么快？因为我马俊仁有独家秘方。”没多久，一款由马俊仁代言的保健品“中华鳖精”横空出世。马俊仁信誓旦旦地在广告里说：“我们常喝中华鳖精！”至于为什么甲鱼爬得那么慢，喝了“中华鳖精”能跑得快，个中原因不得而知。但是可以肯定的是，有了马俊仁的背书，没人质疑过它的功效，这款产品迅速在全中国爆卖。

也许是应了一句老话——物极必反，到了1995年，事情发生了变化。这一年1月份，“中华鳖精”刚在中央电视台投放广告，《焦点访谈》的记者随后就去暗访了“中华鳖精”的工厂。记者发现，和广告画面里一筐筐的甲鱼完全不一样，整个厂区只有一只甲鱼，是养在工厂后院池子里的“镇厂之宝”，“中华鳖精”其实只是红糖水。

当过记者的钟睒睒对新闻有着很强的敏感性。看到《焦点访谈》对“中华鳖精”的报道后，他马上意识到，养生堂龟鳖丸的机会来了。

他立刻展开宣传，称龟鳖丸不是水，而是实实在在的龟鳖粉，并且迅速推出了美国进口的“矮胖子胶囊”剂型，这种胶囊壳的特点是不容易分开，一分开就会破裂，造假者很难伪造。

为了让消费者相信龟鳖丸里装的不是面粉，而是真的甲鱼和乌龟，钟睒睒还发起了“100% 野生龟鳖海南寻真大行动”活动，消费者抽奖可以免费旅游海南并实地参观工厂。这对当时还没什么旅游经历的中国人来说可是个不小的刺激。

凭借这一系列的操作，龟鳖丸顺利取代了“中华鳖精”，占据中国鳖类保健品排行榜第一位。

以上这些动作，现在看起来也是教科书般的营销策略，当年更是“吊打”一众同行。要知道，号称“最会做广告”的史玉柱和巨人公司，其当年宣传手法还停留在墙上刷宣传标语，至于其他企业就更不用说了，有很多甚至没有宣传的概念。

这之后，钟睒睒又推出了朵而、清嘴等保健品。与龟鳖丸一样，这些产品在营销上也都有独到的概念切入点，比如同样以龟鳖为原料的女性保健品朵而，钟睒睒为其想出的宣传口号是：由内而外的美丽。而为儿童研发的成长快乐钙片，也以一句魔性的广告语“好高兴哦，又吃成长快乐了”给人们留下了深刻的印象。当然，这一切与之后的“农夫山泉有点甜”比起来，实在是不值一提，只能说是钟睒睒小试牛刀之作。

20 世纪 90 年代是保健品行业兴起的年代，也是无数保健品品牌大起大落的时代。保健品的低门槛和高利润吸引了大批企业快速加入，竞争者队伍迅速扩大，很多掘到第一桶金的企业对于未来的发展迷失了方向，很多后来者朝生暮死。不少当时的保健品巨头——三株、巨人、飞龙等纷纷落马，能笑到最后的不多，钟睒睒的养生堂算一个。

在这之后的二十几年里，钟睒睒先后创立或者收购了多家子公司，使养生堂的产业横跨保健品、生物制药、饮料、食品四大领域，旗下拥有近 10 个不同的品牌。养生堂不但没有像其他保健品品牌一样销声匿迹，反而成为中国保健品行业的领军企业。

凭借着龟鳖丸，钟睒睒名声大噪，也收获了其人生真正意义上的“第一桶金”。

所有成功的企业家都会有“第一桶金”，回顾其创业历程，都会找到那个发迹加速的转折点。但无论他们的发家轨迹是怎样的，有一点是确定的，那就是金钱的“第一桶金”，离不开思维认知的“第一桶金”。

对钟睒睒来说，这个“第一桶金”不只是财富意义上的资本积累，更是一种商业逻辑的了悟。经营一桩生意并赚到钱固然重要，但明白如何才能赚到钱显然更加重要，就像点石成金的金子自然是十分珍贵的，但是点石成金的那个手指头更珍贵。龟鳖丸的成功，就在于钟睒睒获得了点石成金的那个“手指头”。

正是从龟鳖丸开始，钟睒睒得到了商业逻辑的进阶，形成了自己独特的经营哲学，后来他做的很多产品，都可以看成是“龟鳖丸”在各个领域、各个行业的升级版。也正因为如此，在创业之路上，他才能无往而不利。

有的人成功了一次，是因为得到了幸运女神的偶尔眷顾。而有的人成功一次，是因为自己确实拥有这样的能力。因为幸运而成功的人，总有一天会把赢来的再还回去，因为能力而成功的人，却能一次次续写辉煌。如同钟睒睒一样能持续成功的人，一定不是因为运气，而是因为掌握了做成事的规律和底层逻辑。

“十年磨一剑，一朝露锋芒”，是钟睒睒的真实写照。

第三章

剑走偏锋的水业颠覆者

在这个竞争激烈的市场中，面对这两个强势品牌，以及后面成百上千个区域性品牌、地方性小众品牌，作为后来者的农夫山泉该何去何从？钟睒睒的第一仗，该从哪里打起呢？

农夫山泉问世

20世纪90年代初，因为保健品的巨大盈利空间和极低的准入门槛，国内的很多企业都像钟睒睒一样把重心转移到了这个行业，保健品市场由此迈入了高速增长通道。在当时，保健品行业堪称商业沃土，造富能力与房地产、互联网相比不遑多让。如果不是福布斯和胡润那时候还没能进到中国市场，否则真有可能出现保健品行业“屠榜”的盛况。

然而，与此同时，保健品价格过高、质量低劣、产品雷同、品种泛滥、虚假广告遍地开花等问题也日益凸显出来，使得国内保健品市场乱象丛生，引起了国家的高度重视。1996年，国家开始大力整顿保健品市场，针对行业出台了一系列严格制度。1998年，令人震惊的“三株常德事件”爆发，这一事件在保健品市场引发了一场龙卷风，直接刮倒了一大片曾经红极一时的保健品品牌，导致整个行业大洗牌。各大保健品生产企业要么转型、转产，要么就只能接受倒闭、破产的残酷现实。

不过，也有人早就嗅到了不一样的气味，从鱼龙混杂的保健品市场中及时抽身，比如宗庆后。对政策非常敏感的宗庆后早就察觉到，保健品市场的一场腥风血雨在所难免，娃哈哈要想活下去，必须从这浑水中撤离。于是，宗庆后决定进军瓶装水市场。怀着“以市场换技术”

的美好愿望，宗庆后选择战略性引入法国饮料巨头达能集团，与其一同推出娃哈哈纯净水，靠着 AD 钙奶和口服液的经销渠道，再加上那首歌《我的眼里只有你》中的经典广告，娃哈哈的“太空水”概念迅速引燃了市场并辐射全国。

在当时那个“全民保健品”狂热的年代，很少有人能想象到，小小的瓶装水竟然也能创造巨额利润。对着这块堪称空白的市场，宗庆后尽情地挥毫泼墨，圈出了一片广阔的江山，并由此铸就了娃哈哈集团的基石。

还有人看到了，他就是钟睒睒。

当宗庆后决定退出保健品市场、带领娃哈哈向饮用水市场转型时，钟睒睒马上警觉起来。

当其他保健品商纷纷质疑宗庆后的决定甚至嘲讽他昏了头时，唯独钟睒睒在认真分析了当时的形势后，清醒地认识到宗庆后的判断是明智的，并郑重地将饮料行业划为自己事业版图中的必争之地。

“智者之虑，虑于无形；达者所规，规于未兆”，说的就是像宗庆后和钟睒睒这样极富前瞻眼光、极具预见性的人，他们能在企业繁花似锦的时候，就高瞻远瞩、提前谋划，意识到寒冬即将到来，并及时做出选择，使企业免于灭顶之灾。

1996 年，一个偶然的机会，钟睒睒从海南回老家杭州洽谈收购一家酒厂。这家国营酒厂位于千岛湖湖畔，专门生产保健酒，有 169 年的历史。当时，酒厂要价 200 万才同意转让，当地领导也恳求他将其收购，“不然几百号人要下岗”，但钟睒睒觉得，这家酒厂虽然成立的时间很久，却缺少文化的积累和历史的沉淀，实在是要价太高。

不过，当他站在酒厂背后的千岛湖湖畔，望着一湖好水时，却改变了主意：这样的好水，白白流掉了实在是可惜！既然这样的水能够酿出好酒，说明品质是过硬的，为什么不直接卖水？

于是，他当即做了一个决定：收购这家酒厂，做瓶装水。

做瓶装水，完全符合钟睒睒的商业逻辑。“保健品之所以火热，是出于人们对健康需求的提升，所以如果能把健康和更具消费潜力的市场联系起来，一定是一笔大买卖。”“我想怎么样靠自己把这条路比较顺利地往下走？所以我选择了一个日不落的产业——你永远要喝水，你永远不可能不喝饮料。”在钟睒睒看来，卖水也是在卖“健康”，因为从广义的市场角度看，瓶装水不仅是“水”，更是一种有益无害、没有争议的“保健品”。

1996 年，在美丽的千岛湖湖畔，钟睒睒创立了浙江千岛湖养生堂饮用水有限公司，也就是农夫山泉的前身。

钟睒睒给自己的水取名为“农夫山泉”，“我们分析城市人的感觉是怀旧的，回归自然的”。当过多年记者的钟睒睒亲自提笔写下了农夫山泉的第一个广告语——“农夫山泉有点甜”。随后，这句简单易记的广告语随着电视走进了中国的千家万户，农夫山泉也吹响了进军瓶装水市场的号角。

差异化竞争，打开新战局

著名战略管理专家迈克尔·波特是这样描述差异化战略的：“当一个公司能向客户提供一些独特的、对客户来说价值不仅仅是一种廉价商品的时候，这个公司就把自己与竞争厂商区分开来了。”作为饮用水市场的后来者，农夫山泉是如何崛起乃至成为水业颠覆者的？靠的就是差异化竞争。

20 世纪 80 年代初，虽然矿泉水产品是最早进入市场的瓶装水类产品，曾风靡一时，但因为产品质量低劣、竞争无序，逐渐被深加工的纯净水所替代。到 20 世纪 90 年代后期，在纯净水市场上，逐渐形成了娃哈哈与乐百氏两大品牌寡头垄断的局面。

经历过 20 世纪 90 年代广告轰炸的人都知道，在那个年代，有两个广告频繁地在电视上出现，其中一个是景岗山的《我的眼里只有你》MV，这是娃哈哈纯净水的广告。另一个则是一滴浑水经过 27 层净化，最终变清澈的场景，这是乐百氏的广告。

这两个广告都是业界概念传播的经典，但这两个广告所折射的，其实是两家企业龙争虎斗、互不相让的局面。尤其是在农夫山泉问世的 1996 年，这两家企业的竞争已经达到了白热化的程度——娃哈哈在这一年率先成为瓶装水行业第一家在央视投放广告的企业，市场份额超过 50%，是当之无愧的龙头老大；乐百氏也因其提出的 27 层净化的独特销售主张，占据市场占有率第二宝座。

所有人都看到，这一行业已经容不得第三者插足。但也就在这个时候，斗得你死我活的双方都没觉察到，有一只初生牛犊正虎视眈眈，准备向他们发起进攻。

在这个众多食利者争夺的市场中，面对这两个强势品牌，以及后面成百上千个区域性品牌、地方性小众品牌，作为后来者的农夫山泉该何去何从？钟睒睒的第一仗，该从哪里打起呢？

战争的第一仗，在兵法上被称为“序战”或“初战”。这一战对全局影响是至关重要的，古今中外的军事家通常都主张要慎重序战。中国古代兵书《孙子·形篇》中指出：“胜兵先胜而后求战。”也就是先创造胜利的条件，然后再同敌人作战。钟睒睒遵循的恰是这一战略，他先是找到了一个小得足以守得住的市场，先站稳脚跟，再图后续发展。

钟睒睒看到，纯净水的主战场是 500 毫升瓶装水和 18 升桶装水，使用场景主要是会议及旅途。各个品牌相继推出了这两种规格的产品，竞争异常激烈，但消费者站在货架面前时，往往无从选择。因此，他决定避开领导品牌的目光和刀锋，找一个别人没有关注到的小市场入手。1997 年 4 月，农夫山泉推出了 4 升装的桶装水，主要供给家庭，钟睒睒希望以此切入市场。

在产品定价上，由于中国饮用水市场竞争非常激烈，各个饮用水品牌都在大力争夺经销商，这使得厂家不断压价。以 500 毫升的瓶装水为例，成本价不低于 0.90 元 / 瓶，但出厂时是 0.50~0.70 元 / 瓶，有的厂家甚至压到了 0.40 元 / 瓶。在这种市场背景下，钟睒睒却反其道而行之，采取了适度的高价定位。这种定价不但符合农夫山泉关于健康的天然水的定位，提升了农夫山泉的品牌价值，也使其避开了与娃哈哈相对低端销售路线的正面竞争。

在地域选择上，钟睒睒高度聚焦，选择了上海和杭州作为主攻战场。之所以选择这两个城市，是因为它们靠近农夫山泉的千岛湖生产基地，而且属于高势能市场，有利于帮助农夫山泉去打开下一片市场。于是，农夫山泉 4 升装桶装水面世后不久就进入了上海、杭州。对于家庭装这种非主流消费市场的"饼干屑"，当时的巨头们是不屑一顾的。但农夫山泉却凭借千岛湖的优质水源和 4 升的独特包装，在华东地区站稳了脚跟。

只用了不到两个月的时间，农夫山泉就在上海大型商场超市包装饮用水的单品销售额排行榜上位列第一名。

差异化竞争奏效了，初战告捷，农夫山泉活了下来。解决了生存问题，下一步就是如何壮大。

紧接着，钟睒睒又瞄准了纯净水市场的边缘战场——运动装，并迅速推出了 350 毫升小瓶装水。

钟睒睒之所以选择 350 毫升小瓶装水作为试探性产品，是经过深思熟虑的。首先，350 毫升的小瓶装水已经进入了瓶装水主战场，但在产品规格上又比较边缘，避免了过早和领导品牌发生正面冲突。其次，350 毫升又针对瓶装水的主要饮用场景，有利于培养用户习惯，作为后续进攻中心战场的顾客心智积累。再次，350 毫升小瓶装，满足了消费者未满足的需求，击中了其痛点，有利于迅速打开市场。顾客需求之一，大瓶子不方便放入包中携带，小瓶装更容易携带；其二，大瓶常常喝不完，容易浪费，小瓶装可以没有压力地喝完，尤其是女生；其三，从顾客心智上看，小瓶装有高级感，为后续高端侧翼战进行铺垫；其四，从渠道销售和市场份额上看，小瓶的消费频次高，有利于渠道走量，而渠道按瓶算销量，有利于扩大农夫山泉的市场份额。

最令人称道的是，农夫山泉还为350毫升瓶装水开发了独特的运动装瓶盖，而且还将开瓶盖的声音作为大卖点推出。在农夫山泉的广告“课堂篇”中，有一个非常经典的场景：上课时，一个女生想喝农夫山泉，她悄悄地拉动农夫山泉的运动瓶盖，但还是发出了“砰”的声音，老师告诉她，上课时不要发出这种声音。这个广告投放后不久，就掀起了“农夫山泉”的旋风。尤其是模仿力强的中小学生们，几乎人手一瓶。

农夫山泉的运动装瓶盖还使得水与运动绝佳地结合在一起。1998年，养生堂借助1998年世界杯中央五套演播室，搭上了世界杯的快车，迅速成为饮用水行业的黑马。借助世界杯的成功，1999年，农夫山泉宣传“善待生命、重视健康、重视运动”的理念，举行了全国青少年三人制篮球赛，这次跨越了数省、历时半年之久的大型活动不但参与性强，而且社会拉动面很广。通过此类活动，农夫山泉得到了社会各界的广泛好评，品牌形象也随之深入人心。在1998年、1999年以后，农夫山泉进一步加强与体育运动的联系，赞助出名的运动队伍和大型赛事，再次为农夫山泉的成功添柴加薪。

1998年4月，在350毫升运动装打下的市场基础上，农夫山泉走出边缘市场，选择有显著差异性的550毫升运动盖瓶装水，向全国市场推广。这个产品一时风靡全国，同年，农夫山泉的市场占有率迅速上升为全国第三，逼近娃哈哈与乐百氏。至此，纯净水市场基本形成了三足鼎立的格局。

被称为“定位之父”的管理学家杰克·特劳特非常推崇差异化，他一直主张企业要做与众不同的事。水是世界上最单纯、最同质化的物质之一。但是，像钟睒睒这样具备宽阔战略视野的企业家，却能把“水”做出差异化。在他眼中，一切都可以差异化，一切都应该差异化。比如，人家的瓶贴都用冷色调，他偏偏选用红色，以至于产品在大陆崛起后被台湾广告界惊呼为“红色震撼”；当人家忙于价格大战的搏杀的时候，他却无动于衷，我行我素；人家的广告争相用歌星，唯独他诉求“有点甜”的口感；当娃哈哈、乐百氏先后走合资控股的路时，只有他还在那里埋着头孤军奋战。据说某些国际大亨也曾想与农夫山泉合作，但都被钟睒睒婉拒了，他的想法是“中国水业不能让老外给垄断了”。

正是凭借着这样的差异化，农夫山泉这个“后浪”，才能做到后来者居上。

“世纪水战”

横空出世的农夫山泉，在钟睒睒的运筹帷幄下迅速崛起。但这样的成就不足以让钟睒睒满足，他有更大的野心——彻底颠覆中国水业的格局。

钟睒睒发起的那场“战役”，现在已经广为外界所知晓，那场农夫山泉对阵几乎整个中国纯净水阵营的“战役”，因为发生在跨世纪的 2000 年，被媒体命名为“世纪水战”。

当时，市场上的饮用水几乎全都是纯净水，娃哈哈几乎与纯净水画上了等号，宗庆后牢牢掌握了纯净水的话语权。宗庆后非常重视广告，他的套路是，到什么地方开发市场，就在什么地方做广告。报纸是“一个省会城市，一个省报，一张市报，就四个版”，电视是“一个省台，一个市台，而且都只有一个频道，我每天晚上做这两个电视台，做两个 30 秒的广告”，一下子就把市场“拱”起来了。

娃哈哈是市场的主流，这得到了饮用水行业几乎所有人的认可。钟睒睒却是一个异类，他曾说过这么一句话：“什么叫主流？人多并不一定代表主流，不是说你掌握了话语权，掌握了大媒体，你的声音大，你的声音多，你就是主流。真正的主流是必须把握民意流动的方向。”

于是，钟睒睒酝酿了一个大计划。2000 年 4 月 24 日，农夫山泉新生产基地淳安水厂建成，在为此召开的新闻记者招待会上，钟睒睒宣称，经科学实验证明，纯净水对人的健康无益，为对消费者健康负责，农夫山泉不再生产纯净水，全部生产天然水。

钟睒睒在新闻发布会上的发言令所有人都目瞪口呆。在 2000 年 4 月 23 日，这个发动水战的前夜，媒体写道："原本打算的只是常规发布，直到新闻发布会的前夜，大家还没想出好的新闻点。"但一夜过后，钟睒睒却抛出了如此离经叛道的观点，制造了一个"大新闻"！

对钟睒睒突然发起的这场进攻，就连农夫山泉的大部分员工都不知情，饮用水行业其他厂家的震惊就更是可想而知了，滔天巨浪由此掀起。不过，钟睒睒并非意气用事，他之所以这样做，是经过一番深思熟虑的。

"纯净水"，强也纯净，弱也纯净。纯净是纯净水的优点——无污染、无杂质、放心饮用，但这也是纯净水的弱点，因为很容易让人联想到缺乏"人体必备的微量元素"。这个常识给了钟睒睒绝佳的攻击点。

其实，在此之前，对纯净水不利的报道就已经见诸媒体。早在 1997 年，上海市卫生局、上海市科委、上海市教委就已经发文，建议不应该在中小学校推荐饮用纯水，因为长期饮用将对学生的健康造成影响。1997 年 5 月，一家全国性学会也主办过一场"净水与健康"的研讨会，会上专家称，再过 10 年，喝纯水长大的青年或许都会感到力乏或提前患上心血管等老年性疾病。同年 8 月 15 日，上海的一家青年报刊发了一篇题为《常喝纯水危害一代人健康》的长篇报道。

社会上已经存在的舆论报道对钟睒睒来说是最有利的武器，因此，他正式向纯净水开战也显得水到渠成。

为了支持自己的论点，也为了强势推出“天然水”概念，钟睒睒还做了三项“科学对比实验”：

植物实验：水仙花在纯净水和农夫山泉天然水中的生长状况。7天后，纯净水中的花根须只长出2厘米，天然水中的长出4厘米；40天后，纯净水中的花根须重量不到5克，天然水中的根须重量超过12克。

动物实验：摘除大白鼠身上分管水盐生理平衡的肾上腺，在喂以同等食物的基础上，分别喂以纯净水和农夫山泉天然水，6天后喝纯净水的大白鼠活着的剩20%，而喝天然水活着的还有40%。

细胞实验：两滴血分别滴入纯净水与天然水，在高离心机里离心，纯净水中的血红细胞胀破。

在完成实验后，农夫山泉马不停蹄地向消费者公布了实验结果：纯净水中几乎什么物质都没有，对人体的健康并无好处。而含有矿物质和微量元素的天然水对生命成长有明显的促进作用。作为生产厂家，应该对消费者的健康负责。

农夫山泉的相关负责人还进一步解释了农夫山泉放弃纯净水转而生产天然水的原因：第一，停止生产纯净水，全部生产天然水，是出于对人类健康的长远考虑。第二，农夫山泉当初生产纯净水的初衷，也是为了最大限度地追求饮用水的洁净度，但却忽略了水中微量元素对生命的重要意义。从天然水中摄取人体必需的矿物元素是一种不容忽视的重要途径。第三，世界普遍盛行天然水。世界发达国家大多生产和饮用天然水，国际上最著名的大公司生产的饮用水对水源严格要求，必须是泉水、矿泉水、井水或是只需要最小限度处理的地表水，而农夫山泉的水源——千岛湖，符合国家一类水源标准，是理想的天然水水源。

紧接着，农夫山泉又在中央电视台和各省市电视台投放广告，将这 3 个实验的结果公之于众，对纯净水进行穷追猛打。

除此之外，农夫山泉还通过各种方式进行公关深耕，比如让小学生亲自动手体验纯净水的“危害”。2000 年 5 月 25 日，养生堂公司在北京宣布：出资百万元与中国青少年科技辅导员协会联合发起“全国青少年争当小小科学家”活动。活动的具体内容是天然水、纯净水生物比较试验，通过观察两种水对金鱼、大蒜、茶叶的不同影响，让孩子们自己告诉自己，“什么样的水对生命更有益。” 随后，这个活动在全国 21 个大中城市的 2700 多所小学正式启动，通过这样的实验，全国 3 亿少年儿童中涌现出了大批“小小科学家”。

哪个人群对“纯净水危害健康”最敏感？妈妈！怎么才能让妈妈了解到这件事情？从原点人群——小学生入手。怎么做呢？举办针对小学生的体验式公益活动。这是农夫山泉直奔消费者心智的、斩草除根的公关战法。

钟睒睒的所作所为，动了纯净水品牌的“奶酪”，自然引起了行业的强烈反应。从这开始，农夫山泉和娃哈哈等纯净水品牌结下了深深的恩怨。

一个决定、几个实验，就这样点燃了中国纯净水行业的一个烈性炸药包，引发了 20 世纪末一场空前激烈的“水战”。

现代版“堂·吉诃德”

面对钟睒睒的进攻，各大纯净水厂商彻底坐不住了，曾经建立的纯净水设备体系，品牌名誉或许一夜之间化为乌有。

不愿坐以待毙的他们群起而攻之，一时间，农夫山泉成了行业公敌。

2000 年 4 月 27 日，四川蓝光、怡宝、天河等 10 个品牌的纯净水企业在成都结成同盟，发表“联合声明”，严厉谴责农夫山泉，并表示必要时将诉诸法律。

2000 年 5 月 24 日，全国食品工业化标准化技术委员会在娃哈哈公司要求解释“天然水”定义的复函中称，目前国际、国内尚未对天然水给出定义。随后农夫山泉要求撤销上述文件或澄清有关内容，却没有得到回应。

2000 年 5 月 30 日，广东景田、达能益力、永隆、鼎湖山泉等 16 家瓶装水生产企业以及有关专家、行业协会负责人在广州集会，借举办“饮水与健康”宣传活动之机，声讨农夫山泉。

2000 年 6 月 16 日起，南京各家媒体纷纷报道，日前当地一位杨姓先生在商店购买的一瓶农夫山泉中，喝出了 12 条已经泡胀的蛆虫，令他和妻子饱受惊吓。杨先生遂向南京市建邺区法院起诉养生堂公司。几天后，养生堂公司副总裁江民繁在南京举行的新闻发布会上表示，“这里面大有名堂”，“这绝对是一场阴谋”。

2000 年 6 月 26 日，中国饮料工业协会在北京紧急召开研讨会，讨论“纯净水无益健康”的问题，农夫山泉作为该协会的理事单位，也作为争议的另一方，却遗憾地被拒绝参加会议。对此，中国饮料工业协会的解释是：“目前中国只做过饮料工业十强企业调查，尚未有单位做过瓶装水十强调查，因此农夫山泉不在受邀之列。”而且，农夫山泉要求列席旁听也被拒绝。

就这样，钟睒睒陷入了四面楚歌、多面夹攻的悲壮境地，变成了一个固执倔强地与强大无比的风车搏斗的现代版堂·吉诃德。有意思的是，在钟睒睒的桌案上也有一座堂·吉诃德陶瓷像：堂·吉诃德似乎在椅子上打了个盹，但右手依旧紧紧握着剑，左手则按着一本摊开的书，仿佛随时准备跳起来朗诵、奔跑和战斗。这是钟睒睒最喜爱的收藏品。

无论如何，钟睒睒是回不去了，他只有冒着风险往前冲，要么闯出一片天地，要么在四面“围剿”中慢慢“死去”。

纯净水品牌的反击愈演愈烈。

2000 年 6 月，娃哈哈召集全国 19 个省市的 69 家纯净水生产企业的老总们于 6 月 7 日齐聚杭州，紧急商议对策。同时赶赴杭州看热闹的还有上百家媒体、数百名记者，无数双眼睛都在关注着这场“世纪水战”究竟如何收场。

为了企业的根本利益，娃哈哈的掌舵人宗庆后当众指责农夫山泉。宗庆后甚至说：“水仙在粪水里长得更好，难道粪水比纯净水更好吗？”

不过，在媒体众多的采访中，宗庆后从未公开提到过“农夫山泉”4个字，只提养生堂公司，他不想免费为农夫山泉打广告，让媒体对其有更多的曝光。

2000年6月7日晚上，西子湖畔的浙江宾馆二楼会议室灯火通明，正在召开的会议被称为“屠农大会”。会议从6月7日下午一直开到了6月8日上午。一开始，到场的各家企业代表嘴巴都很严，不肯对记者透露一点儿消息。

最终，这69家纯净水企业发表了一项联合声明，指责农夫山泉有不正当竞争行为，要求养生堂公司立即停止诋毁纯净水的广告宣传活动，并公开赔礼道歉，并且推举代表向国家工商局、卫生部等5个部门分别提交了对农夫山泉的申诉。申诉代表团由浙江的娃哈哈、广东的乐百氏、上海的正广和、四川的蓝光、北京的国信和鑫丽等6家公司组成，娃哈哈负责协调。代表团分别向国家工商局、国家质量技术监督局、教育部、卫生部和中国科协（全名为中国科学技术协会）递交有关材料，要求从不同方面对农夫山泉进行制裁。

就饮用水标准问题，代表团给国家质量技术监督局的申诉请求是：

> 我们请求贵局对其（农夫山泉）水源进行检测，如果不符合生活饮用水标准，应责令其停止生产。此外，要对其制定的企业标准和产品名称进行审查，同时责令其对全国媒体公布这一切，以挽回国家标准的权威形象。

给国家工商局的申诉材料中说：

根据中华人民共和国《反不正当竞争法》和中华人民共和国《广告法》有关规定，经营者不得捏造、散布虚伪事实，损害竞争对手的商业信誉、商品声誉，广告不得含有虚假的内容，不得欺骗、误导消费者，散布虚伪事实，损害竞争对手的商业信誉、商品声誉。为保障饮用水行业正常的竞争秩序，维护纯净水生产企业的合法利益和广大消费者的权益，恳请贵局依照《反不正当竞争法》和《广告法》的有关规定责令其停止发布虚假广告和诋毁竞争对手的行为，向全国消费者以及纯净水生产企业公开道歉，并赔偿损失，同时对其上述违法行为进行严肃查处。

给卫生部的材料中说：

我们请求卫生部对养生堂公司的水源进行检查，如果不符合生活饮用水标准，就应责令其停止生产，以维护消费者的合法权益。

面对竞争对手的重重包围，钟睒睒没有示弱。6 月 8 日晚上，农夫山泉邀请各路记者到距离浙江宾馆不远的西子宾馆参加农夫山泉举办的记者恳谈会。虽然只邀请记者，但还是有 20 多家纯净水企业的代表混进了现场。跟“屠农大会”不接受记者提问不同，钟睒睒对记者们说：“我欢迎大家提问，什么尖锐的问题都可以提。”

2000 年 7 月 13 日，养生堂公司又向北京市高级法院起诉娃哈哈，称娃哈哈“散布大量虚假事实，给农夫山泉生产者的正常生产、经营活动带来极大冲击”，并索赔 3000 万元。养生堂公司的一位负责人在接受媒体采访的时候表示，不怕纯净水企业的联合申诉，而且“事情闹得越大越好”。

钟睒睒不怕把事情闹大，他巴不得所有纯净水厂家都起来反抗，将他点燃的这把火越烧越旺。

事实上，双方不停地争吵，媒体不停地报道，消费者看到报道后也交流讨论，这一切都加速了消费者提高对钟睒睒提出的“天然水”概念的认知。在这场战争中，人们最终也没搞清楚纯净水和天然水到底有什么区别，但却牢牢记住了一个词——农夫山泉。也正因为如此，农夫山泉成功进入全国瓶装水销售额第一梯队，之后其销售额更是持续快速增长。而且，产业蓝海一打开，其他一些同行也摩拳擦掌进军天然水领域。

特劳特全球总裁邓德隆在《哈佛商业评论》中文版《大决战：商业秩序重建的动力机制》一文中指出：“一旦你占据了一个强大的定位，最优质的资金、人才、渠道、土地、媒体关注、合作伙伴等资源都会主动向你靠拢。定位并不是把企业‘定’在了一个地方不动，而是给了企业一个可以据此撬动地球、重新构建商业秩序的支点。”占据了“天然水”定位的农夫山泉恰好验证了邓德隆的这一观点。

直到 2000 年 11 月，养生堂公司撤回对娃哈哈的起诉，这场轰轰烈烈的水战才终于落下帷幕。

这场旷日持久的天然水与纯净水阵营的大战，让钟睒睒成了水业的“叛徒”“公敌”，但他毫不在意地说：“有人说我们是叛徒。我倒认为我们有点儿像哥白尼。真理越辩越明，所以这也是一场意识革命。”

宗庆后曾经这样说过，钟睒睒的背景有助于策划炒作，但是企业是踏踏实实做出来的，而不是炒出来的。宗庆后没有说错，但钟睒睒也没有做错。如果钟睒睒只想把农夫山泉做成一个地域性品牌，那么只需运用常规的武器——广告就足够了。但他希望把农夫山泉做成全国领先的品牌，就必须采取非常手段才能脱颖而出。正因为如此，钟睒睒才剑走偏锋，冒着千夫所指的骂名，挑起了纯净水与天然水之争。

事实证明，钟睒睒的这一步棋走对了。

酸碱度之争

纯净水与天然水之争在经过激烈冲突之后终于得以平息，这之后，虽然农夫山泉与娃哈哈等纯净水品牌一直龃龉不断，但总体来说，这两个阵营算是保持着井水不犯河水的状态。但这种平静的状态并没有维持多久，毕竟，有利益的地方就有争斗。

2003 年，康师傅公司加入了瓶装水行业，这是一家年销售额数十亿的大型企业。它如同一条鲶鱼，搅动了饮用水市场。

进入市场后不久，康师傅就推出了矿物质水——一种在纯净水的基础上添加矿物元素制成的饮用水。康师傅的广告语是“多一点更健康”。显然，康师傅意识到纯净水的硬伤，希望通过添加人工矿物元素的方式来规避这一问题。康师傅是聪明的，在成本几乎不增加的前提下，这种矿物质水就与纯净水和天然矿物质水做出了产品概念的区分。

同时，在市场战略方面，康师傅主打中低端水市场，通过大规模生产、高密度建厂，从而降低物流成本，依靠低价战略，后发制人。

康师傅的策略是非常有用的：康师傅矿物质水在 2003—2007 年间一路高歌猛进，用了不到两年时间就挤进了饮用水品牌的前三甲，市场份额也不断增长。

眼看着康师傅一步步壮大，钟睒睒再一次站了出来，主动向康师傅发起攻势。

农夫山泉认为矿物质水是对消费者的欺骗，因为矿物质含量和种类都很少，实质是调味纯净水，水质还不如原水——自来水。农夫山泉希望能用一种方法，让消费者能够区分天然水和矿物质水。

但水仙花比较实验操作烦琐，周期太长又不够直观，于是农夫山泉找到了酸碱测试这一手段。原来，添加了矿物元素的矿物质水，pH值比纯净水更酸，甚至低于国家生活饮用水标准中 pH 规定的最低值 6.5，原因是其添加的硫酸镁是强酸弱碱盐。

2006 年开始，农夫山泉向消费者派发了大量的 pH 试纸，用于测试矿物质水的 pH。

康师傅和农夫山泉从此结仇。

也正是在这一时期，美国的“酸碱体质理论”被介绍到中国，并被大量保健品企业视为卖货的利器，并大规模嫁接、宣传，甚至添油加醋演绎成更为夸张的治病理论。严格来说，农夫山泉的酸碱测试和美国的“酸碱体质理论”并不是一回事，但媒体还是很快把两者归为一类事。

2008 年，穷追猛打的农夫山泉再次以科普性话题——水的酸碱性引发舆论高潮，农夫山泉先是开展测试 pH 活动，指责康师傅矿物质水“伪健康”，还在全国各大电视、广播、报纸、杂志上刊登广告，称“弱碱性水”才是好水，并在商场免费派发试纸，邀请消费者做水的酸碱度测试，让水的酸碱性成为民众讨论的话题。

在农夫山泉的步步紧逼下，康师傅矿物质水的市场份额逐渐萎缩，渐渐掉出瓶装水行业的第一梯队。

商场如战场，节节败退的康师傅还没来得及回击，就又遭遇到沉重的打击。

2008 年 7 月 24 日，匿名网友“青草布丁”在天涯社区贴图专区发布《康师傅：你的优质水源在哪里？》的网络文章。帖子称，该网友曾经潜入康师傅位于杭州经济技术开发区四号大街 27 号的生产基地，考察后发现该基地附近根本没有所谓“优质水源”，唯一的自然水源就是污染严重的钱塘江，于是该网友判断“康师傅要么用自来水加工，要么用脏兮兮的钱塘江水加工，绝对没有它所说的‘优质水源’”。帖子发表后引起多方关注，众多网友纷纷指责康师傅涉嫌虚假宣传，该帖点击量接近 10 万人次。从 7 月 24 日上午 9 点此帖发出到 7 月 25 日 23 点，38 小时内，跟帖达到 450 多个，均对康师傅进行了严厉斥责。此后，全国的媒体纷纷开始对康师傅展开报道。各地竞争对手也开始抓住这一机会进行反扑，在大肆渲染下，康师傅的“水源门”危机愈演愈烈。

2008 年 8 月 5 日，康师傅公关部的负责人承认康师傅杭州生产基地所生产的矿物质水的确是用城市自来水经水滤系统过滤出来的。在公开道歉后，康师傅停播了其优质水源的广告并改变了产品包装。

不过，坊间传闻康师傅“水源门”事件背后的策划者是农夫山泉，还有记者报道称，农夫山泉的业务员蓄意将“水源门”事件的报纸发给各大水厂渠道。

但农夫山泉否认了所有的指控，并回复记者——纯属捏造。这一年，康师傅矿物质水的市场占有率下降了 5%，而农夫山泉的市场份额随之上升了 0.7%。而且，当年 AC 尼尔森（全球知名的市场研究公司）零售调研数据也显示：全国纯净水和天然水（矿泉水）的消费比例从

8 ∶ 2 变为 7 ∶ 3，农夫山泉一跃成为天然水品类中排名第一的品牌。

不仅如此，“碱性水更健康”这一理念也通过农夫山泉与康师傅的水战得到宣传，并得到行业内的一致认可。2008 年，康师傅推出了天然水产品。在宣传单页上，康师傅如此描述碱性水的好处：大城市 80% 以上的人体液 pH 处于较低的一端，呈不健康的酸性体质。如果人体的体液偏酸，细胞的作用就会变弱，它的新陈代谢就会减慢，长此以往，将严重影响身体健康……纯净水的 pH 一般在 5.0~7.0 之间，偏酸性，而大多数矿物质水的 pH 竟也呈酸性，甚至有可能比纯净水更酸。为了健康，应选择有利于维持体液酸碱平衡的天然弱碱性矿泉水。当然，后来康师傅也意识到这样的宣传左右互搏，是自己打自己脸，于是不再发放单页。

其后，娃哈哈也推出了人工调制的弱碱性矿物质水产品。其宣传单页上，对弱碱性水同样推崇备至：“国外研究发现，长寿村的居民饮用的水都是弱碱性水，俄罗斯南部高加索地区的长寿村是世界上唯一没有发生过癌症的地方，连普通疾病的发病率都极低。我国著名的长寿之乡巴马县的居民因常年饮用弱碱性水，老人不仅活过百岁，而且一辈子很少生病。”“调节人体酸碱度，远离亚健康。”

就这样，农夫山泉在数次“水战”中越战越勇，到 2012 年，农夫山泉系列产品的销售额第一次突破了百亿大关，一时风头无两。

就在康师傅、娃哈哈和农夫山泉 3 家混战之时，一些区域性的饮用水品牌趁着这个机会迅速发展壮大，尤其是广东纯净水企业怡宝。在广东，农夫山泉与怡宝的竞争越来越激烈。

大概从 2012 年开始，农夫山泉加大了在广东的水测试力度，甚至挨家挨户分发 pH 试纸。这激怒了怡宝，两家从此结仇。

2014年，农夫山泉又出了一个奇招——在促销活动中，用农夫山泉饮用水和怡宝饮用水进行pH测试，消费者购买农夫山泉产品满15元赠送礼包一份。礼包中含555毫升怡宝饮用水一瓶，《水与健康》书籍一本，农夫山泉红色环保袋一个。《水与健康》书籍中夹带农夫山泉全国单页一份，该单页附有单条两片装pH试纸。单页引用《水与健康》书籍中的部分问题以及“您喝的水健康吗”等内容。结果显示，农夫山泉饮用水pH为弱碱性，而怡宝饮用水为弱酸性。

这下怡宝着急了，向广州市工商局投诉农夫山泉在一系列卖场促销活动中对比两个品牌水的pH，最后工商局以“捏造事实、贬低竞争对手、损害竞争对手的商业信誉和商品声誉的不正当竞争行为”为由，对农夫山泉处以10万元的行政处罚。

农夫山泉不服处罚，认为工商局偏袒，将其告上了法院。一审被驳回，但农夫山泉并未就此止步，而是发出声明称，判决改变不了事实，怡宝水质呈酸性是事实，农夫山泉从未捏造。怡宝立刻回击农夫山泉“多年来一直采取恶性竞争的手段，误导消费者饮水认知”。农夫山泉不甘示弱，公布了怡宝自来水水源工厂名录，质疑怡宝水质呈酸性。

农夫山泉大战怡宝这一幕，几乎是农夫山泉大战康师傅、娃哈哈的重演，与酸碱性有关，却也与酸碱性无关。乔布斯有句名言：“消费者并不知道自己需要什么，直到我们拿出自己的产品，他们就发现，这就是我要的东西。”在农夫山泉之前，人们从来没想到喝个水还要讲究这么多：水源地、酸碱度、矿物质……但当农夫山泉提出这些概念的时候，消费者发现：嗯，这确实就是我想要的，我应该注意这些。钟睒睒想让消费者买水的时候，感觉到买的不仅仅是一瓶水，还有健康。有意思的是，瓶装水中，最不值钱的恰恰就是里面的水。

自从“两水之争”后，钟睒睒相继与各路竞争对手鏖战，对象也从拉锯数年的娃哈哈、康师傅，变成了怡宝。正是在不断的“掐架”中，钟睒睒夯实了农夫山泉在水业的霸主地位，创建了自己的行业帝国。

第四章

企业不炒作就是木乃伊

回顾农夫山泉的成长路径，钟睒睒始终坚持在心智上做投资，让心智资源可积累、可沉淀并形成品牌资产，从而使农夫山泉与其他品牌的竞争脱离了货架，让消费者在买水的时候第一时间就想起农夫山泉。今天的农夫山泉，不仅代表天然饮用水，更代表的是“天然、健康” 的理念，旗下的很多产品都会因为“农夫山泉”这个符号，激发和释放出沉淀在消费者心智中的势能。

“广告不是想出来的”

在农夫山泉的成长史上，广告发挥了巨大的作用。有人甚至戏称，农夫山泉其实是一家“广告公司”。脍炙人口的广告语和直击消费者内心的广告视频，为农夫山泉赢得了无数忠实粉丝。

这一切都要归功于钟睒睒，农夫山泉的很多经典广告语都出自他之手。一直以来，钟睒睒都把自己定义为一名广告人。他曾经公开向媒体宣称：“我做这么多年企业，就是为了可以随心所欲地做广告创意。”

当初农夫山泉能在矿泉水领域站稳脚跟，靠的就是一句广告“农夫山泉有点甜”。而这句深入人心的广告金句，正是钟睒睒的创意。

说起这句脍炙人口的广告语，其实也是“得来全不费工夫”。1997年，农夫山泉将上海选为全国第一个试点市场，彼时，钟睒睒亲自跑到上海进行市场调研。有一天，他在静安寺附近随机敲开一户居民家的房门，请他们全家品尝农夫山泉，这户人家的小朋友喝了一口，脱口而出：“有点甜！”钟睒睒顿时眼前一亮。

在这之前，农夫山泉早就已经策划好了广告语，一句是“千岛湖源头活水”，专门针对上海人喝的黄浦江江河尾水（上海自来水厂取水口就在黄浦江杨浦大桥边）。另一句是“好水喝出健康来”。农夫山泉用这 3 句广告语在上海试销之后，又专门做了一个消费者调研，结果“农夫山泉有点甜”在消费者记忆度调研中遥遥领先。于是，农夫山泉正式启用“农夫山泉有点甜”为主广告语。

从那之后，“农夫山泉有点甜”便飞越千山万水，传遍大江南北，农夫山泉这个品牌也就迅速被人们所熟知。

饮用水的广告诉求于“口感”，农夫山泉是第一家，也是唯一的一家。当其他同类产品都在着力表现卫生、高科技、时尚的时候，农夫山泉不入俗套，独辟蹊径，只是简单地点明了产品的口味——“有点甜”，如此与众不同却又超凡脱俗的广告语，自然让消费者耳目一新。

这句广告语以口感承诺突出差异化，突出自然、健康的特点，满足了消费者认知中水是甜的普遍感受，在消费者选择购买时，更能够激活消费者已有的记忆，进而促使其选择购买农夫山泉。

正如里斯和特劳特在《定位》一书中说的：“定位的基本方法不是创造出新的、不同的东西，而是改变人们头脑里已经存在的东西，把那些早已存在的联系重新连接到一起。”农夫山泉正是利用了这一来自消费者头脑里的甜的“联系”，成功地把握住了这个独特的定位。

至于水是否真的有点甜，已经不重要了。这样的产品让消费者忘记是困难的，一个广告能达到这样的效果，这个产品也就成功了一半。

2008 年，农夫山泉将广告语升级为广为传颂的“我们不生产水，我们只是大自然的搬运工”，这句话将农夫山泉成功塑造为“一位搬运大自然优质天然水的搬运工”的品牌形象，打破了消费者的常规思维，告诉消费者农夫山泉会把天然水富有的自然精华带到他们身边。它让大家深刻认识了农夫山泉是一个什么样的品牌。这句广告语刚一问世，就引起了公众的广泛关注和热议，为农夫山泉产品的热销加了一把火。如今，这句话已经成为人们日常经常会引用的金句。

在这之后，农夫山泉又相继提出了一些独具匠心、流传甚广的经典广告语，每句都给人一种身处大自然的纯净感，在业界和其他行业内均获得认可，被广泛模仿。

比如：

“每一滴水，都有它的源头。”

“什么样的水源，孕育什么样的生命。”

“你可能不知道，你正在品尝的是长白山的春夏秋冬。”

这些直抓人心的绝佳广告创意，不是凭空而来的，而是建立在扎实的产品质量基础之上，与消费者建立起了情感连接，诠释了好山、好水、好生态。

除此之外，农夫山泉旗下品牌的一些广为流传的广告创意，据说也出自钟睒睒之手，比如清嘴薄荷糖的“想知道清嘴的味道吗”；农夫果园的“农夫果园摇一摇”；朵尔的“朵尔，由内到外的美丽”；东方树叶的“传统的中国茶，神奇的东方树叶”，等等。这些如同神来之笔的广告语，准确地抓住了人心，自然会与消费者产生共情，然后被消费者口口传颂，成为广告业的经典案例。

有人曾说，如果不是卖水，钟睒睒或许会成为中国的大卫·奥格威。钟睒睒当得起这样的称赞。

很多人常常好奇农夫山泉的广告词是怎么想出来的，钟睒睒却说广告不是“想”出来的：“广告是怎么来的？广告本身是长期对产品的一种思考。广告不是想出来的，想是想不出广告来的，必须从制造产品前就已经有了你的观念，你才能创造出一个好的广告。这就是为什么农夫山泉的产品和广告都是连在一起的，从产品开始以前基因已经在那里了，产品的生命已经在血液当中，这就是这个公司的文化。”

钟睒睒的这番真知灼见，或许能让很多广告人醍醐灌顶。

走心才能深入人心

著名广告大师约翰·沃纳梅克有一句名言：“我知道我的广告费有50%是浪费的，但我不知道是哪一半。”但钟睒睒却颠覆了这一理论，他的每一分广告费都花在了刀刃上，每一分广告费都在为品牌做加法。

多年来，钟睒睒围绕“大自然的搬运工”这一诉求概念，推出了一系列走心的广告片。通过这些广告片，农夫山泉的品牌故事被娓娓道来，大众不但了解到农夫山泉的天然水生产过程，还感受到了水源地无污染、纯净的大自然风光。在潜移默化中，农夫山泉就把“天然水”的概念，以朴素亲切、容易共情的纪实手法，深深地植入到大众的心智中，引发了消费者的共鸣和好感。

比如，农夫山泉曾经接连几年推出水源地纪录片广告，向消费者展示了一个原生态的天然博物馆的形象，使大众一睹农夫山泉的天然品质。

比较有代表性的是2014年推出的广告片《一个你从来不知道的故事》，纪实拍摄了一个关于如何寻找水源的故事，每一处风景、每一句话、每一个镜头、每一个情节都是真实的，让人们清晰地认识到农夫山泉水质的天然健康，广告新颖且有创意，一经推出便受到了广大消费者的关注。

2016年农夫山泉成立20周年之际，为进一步强化大自然“搬运工”的品牌形象，农夫山泉推出系列短片，分别是《一天的假期》《一个人的岛》《一百二十里》和《最后一公里》。这四部短片都是农夫山泉为员工立传，通过纪录片的方式，分别讲述了四个不同地区、不同职位的普通劳动者的故事，全程没有一句赞扬农夫山泉的话，但是紧凑的故事性，却吸引了人们专门去观看。

亲眼可见的青山绿水和农夫山泉员工的娓娓讲述，都因为真实质朴而具有直击人心灵的力量。它用悠远绵长的嗓音带着消费者进入农夫山泉浓厚的企业文化，又用清新朴实的镜头勾勒出农夫山泉不变的温情与坚守。虽然从头至尾围绕着的只有水，却让消费者知道了农夫山泉 20 年来对水源地、对品质的坚守和多年来不变的初心，从而实现品牌价值的营销。

而且，主人公的不易和艰辛就如同农夫山泉的“搬运工”一样，难以言说，这种强烈的共鸣感和别出心裁的广告创意恐怕只有“广告鬼才”钟睒睒才能想得出来。

值得一提的是，在优酷等视频网站上，在广告开始之前，会有一个低沉而有磁性的男声提醒道：“农夫山泉提示您，此条广告可以无条件免费关闭。”在网络视频异常火爆的大时代，每个商家都不惜下血本将自家的广告投放在在线视频播放前的“黄金 60 秒”，所有品牌方都恨不得按着消费者的头让其看完广告，但钟睒睒却反其道而行之，主动提醒可以免费“跳过广告”，这个“前无古人”的做法真是出人意料。一句“此广告可无条件免费关闭”，对用户的贴切关怀可谓洞察细微，帮助了深受视频网站60秒甚至100秒广告“折磨”的网民。

有数据显示：这一暖心举动推出后，有接近 70% 的网友观看广告的时间超过 30 秒或者看完了全程，甚至有人特意去看农夫山泉的广告，理由是好看。

无论是有人记得这支广告，还是有人记得农夫山泉可以免费关广告，钟睒睒的心思都没白费。无怪乎有人说这大概是视频网站广告诞生以来最成功的一则广告了。

2017 年，农夫山泉拍摄了一条日本“煮饭仙人”村嶋孟的广告片。这位花了 53 年研究如何煮好一碗米饭的老人，相信只有水好才能煮出纯正美味的米饭，他说：“能用农夫山泉做饭，是件幸福的事。”这条广告片不仅告诉消费者用农夫山泉煮饭更香，更通过一水一饭这些生活中的小细节，展示品牌的人文情怀。

2018 年，当竞争对手还停留在用自嗨式广告词和消费者“尬聊”时，农夫山泉已经在内容和形式上独辟蹊径，用纪录片式广告开启与消费者对话的新通路。这一年，农夫山泉邀请到了《人类星球》《地球脉动》等纪录片中担任摄影师的盖文·塞仕顿，以及有将近 30 年的野外纪录片拍摄经验的约翰·艾驰逊，组建了一支全球顶级的野外纪录片团队，到产品的水源地长白山拍了一部 60 秒的纪录片。

不过，这部纪录片的主角不再是人，而是这条山脉与森林中的生灵万物。这部短片采用实景拍摄，以原生态的呈现方式，向消费者展示了一个远离尘嚣、干净纯洁的水源地。团队历时 3 年，埋头于长白山水源地，经过漫长的等待，寂寞枯燥的蹲守，才抓住了生灵万物们的可爱瞬间，可见农夫山泉对这支片子的用心程度。

这条广告片一播出，网友盛赞它为农夫山泉史上最美的一支广告，并表示将广告拍出了《动物世界》的感觉。

除了农夫山泉系列广告，钟睒睒还打造了讲母子情深的母亲牌牛肉条广告、原料是巴西针叶樱桃的养生堂天然维生素 C 广告，还有把药片跟快乐联系在一起的成长快乐复合维生素广告，等等。

农夫山泉别具一格的产品包装，也一直令人称道。从最初简单大方的红白两色开始，农夫山泉让人“倍感舒服”的包装就一直很受消费者的欢迎。2004 年，农夫山泉推出了第一款功能饮料“尖叫”，创新的瓶盖设计和“让你心跳，不如让你尖叫”的广告语赢得了一大批青少年的追捧，这也让农夫山泉在功能饮料的市场上拔得头筹。

从“东方树叶”再到“打奶茶”，每一次新产品的上市都伴随着让人耳目一新的独特包装，品质优、外形美。

相比那些用大手笔投入广告轰炸作为营销手段的企业，钟睒睒的营销手段无疑要高明许多。

钟睒睒曾说：“企业不会炒作，就是木乃伊。但这种炒作不是夸张或者作秀，而是运用商业智慧的自我宣传。”据传，在农夫山泉广告部的会议室里，贴着这样一句话：“好的广告，不仅是引起用户关注，更重要的是让用户讨论。”钟睒睒一直在用实际行动践行这句话。

抢占“长白山”心智资源

钟睒睒是一个善于透过现象看本质的人，他总能洞察到营销背后的真正逻辑。他很早就认识到非常关键的一点，那就是商业竞争的本质是赢得顾客，是让顾客选择自己而不选择竞争对手。农夫山泉想要在市场中突围，从几千家饮用水品牌中脱颖而出，就必须赢得顾客。

如何才能赢得顾客？钟睒睒的答案是：持续不断地在心智上做投资，抢占顾客的心智资源。

2013 年，地产巨头恒大集团加入了瓶装水行业竞争，包括农夫山泉在内的各大水企巨头都因为恒大的突然杀入暗自心惊。

2013 年 10 月，距农夫山泉长白山水源地一千米处，有两家当地饮用水企业被恒大悄然鲸吞。一个月后，4 只巨大的恒大冰泉矿泉水瓶出现在亚冠决赛庆祝的赛场中——恒大冰泉正式推出，定位中高端。

当时刚刚进入市场的恒大冰泉将竞争对手锁定为农夫山泉。在对农夫山泉的品牌定位进行认真解析之后，恒大冰泉推出了一款极具针对性的广告，文案是“不是所有大自然的水都是好水；我们搬运的不是地表水”。这个广告在强调恒大冰泉产自 3000 万年长白山原始森林深层火山矿泉的产品卖点的同时，也将矛头直接指向了农夫山泉。

为了与农夫山泉竞争，恒大冰泉采取了一系列针锋相对的行动。以恒大长白山水源地为中心，周围商铺的招牌都被恒大花钱换成了自家 Logo；农夫山泉水厂在当地开出 3000 元月薪招工，恒大冰泉就开出 4000 元抢人，招聘 200 人，有 3000 人报名。

以前，农夫山泉是长白山地区的“贵客”，早在 2001 年便在这里置下自己的第三大水源地，连续投资 9 亿元布局的二期、三期，总产能达到 100 万吨 / 年，位列当地第一。恒大只用了几个月就改变了这里的游戏规则。通过收购，恒大冰泉建立了领先的 120 万吨 / 年产能。2014 年 1 月，许家印又亲赴吉林省做公关，获取当地政府支持，斩获产能 80 万吨 / 年二期开采权。更令人震惊的是，恒大布局长白山的最终目标是投资 100 亿元，产能 1000 万吨 / 年，10 倍于农夫山泉，3 倍于当地水企的总和！

在国内饮用水版图中，长白山并非主流产地。恒大强势入驻长白山实具一石三鸟之效：首先，迅速垄断长白山优质矿泉，既断绝矿泉水老大农夫山泉的后路，又可发动“矿泉水进攻”打压盘踞低端的娃哈哈、康师傅、怡宝等；其次，建立高端矿泉水中的“长白山概念”，与国内主打西南高原、雪山概念的昆仑山、西藏 5100 展开对决。

但是，恒大冰泉企图“一锅端”的做法实在是过于高调了，警醒的各水企纷纷加注长白山，拼死抵御。

农夫山泉首先启动了三期扩建，规模压过恒大一期；纯净水巨头娃哈哈也投资 2 亿元扩产至 30 万吨 / 年，提前占坑；向来喜爱追逐热点的矿物质水巨头康师傅也来凑热闹，入驻长白山青龙泉。一时间，十几家水企挤入长白山，导致优质矿泉竞标价水涨船高，一处“白浆泉”竟贵至 1.5 亿元，被某矿企收入囊中，意图待价而沽再转卖给水企，目标 10 亿元！

显然，单论资金实力可以碾压任一对手的恒大，在长白山遇到了“成捆的筷子”——掰也掰不断。而且，钟睒睒后来似乎发现了一种更“讨巧”的反击方式。

那是一首泛滥于各社交平台的打油诗——《你厂在我隔壁》，意思是质疑：恒大冰泉与农夫山泉水源一致，但前者却号称高端，卖得更贵。

很多人认为这是农夫山泉的一次成功偷袭。

其实，恒大冰泉必然要卖得贵。作为“新生”，恒大冰泉只有长白山一处水源，因此卖得贵就贵在运输半径的成本上，从长白山到上海至少要卖 4 元；农夫山泉在全国各地至少有七八处水源地，运输成本极低；即便是只有一处水源的昆仑山，也能借助加多宝营销渠道销售降低成本。但消费者并不会算这些细账。

恒大打出长白山的旗帜，农夫山泉将计就计死掐“同源不同价”。

恒大冰泉营销团队实际上是一支“地产军”与“雇佣军”混搭的团队。其总部、各分公司的掌事者多来自地产部门，并向许家印汇报。一些核心会议许家印可能并不会出席，但最终还是会由他拍板，包括一些细节及具体决策，比如后来广被诟病的包装与瓶型设计。团队中的很多营销人士来自对手，其营销总监张华就来自农夫山泉。

显然，这套班底中深谙快消品营销之道的人员并不掌握决策权，也不太可能否定掌事者的意见。于是恒大冰泉的营销策略多带有浓厚的“房地产特色”，总结为一个字，那就是“豪”。

恒大冰泉的豪气冲天虽成功俘获了中端渠道商的心，却没有打动终端消费者。给人的印象就是：恒大冰泉很有钱，希望“高大上”，可惜“你厂在我隔壁”。

面对农夫山泉的挑衅，恒大仍然重复了广告巨量投放的套路，但是反击主题却略显“夹生饭”：一处水源供全球。消费者还是一头雾水：就因为这样就卖得贵吗？

此后，农夫山泉和恒大冰泉竞争日益加剧。钟睒睒果断调整广告定位，由地表水转向深层次火山岩到地面的涌泉，突出了“地下深层矿泉水”的概念。东北长白山的水源地——农夫山泉莫涯泉，位于长白山露水河镇。它是极为罕见的地下自涌泉，水源补给来自长白山脉的冰川融水，经过地下矿层的过滤与净化，渗涌而出。

除此之外，钟睒睒还在营销上进行了反击。从 2014 年 3 月开始，电视上、视频网站上、楼宇 LED 上，反复出现一个全身辎重的农夫山泉勘探员，在长白山的原始森林中跋山涉水，就为了寻找一处优质的水源地……纪实的风格、优美的画风、强大的穿透力，相较于恒大冰泉广告的“暴力述说”，农夫山泉的广告显然更能打动消费者的心。

这条短片不仅登陆了央视黄金时段，在央视一套《焦点访谈》后播出，而且在各大视频网站进行了大规模投放。通过这一波投放，农夫山泉强化了品牌与长白山水源地的关联，避免了长白山的心智资源被对手抢占。

2014 年 3 月 22 日是“世界水日”，农夫山泉又在全国多个城市组织了“美丽的中国，美丽的水”大型公益活动。它邀请消费者画出美丽的水，并在活动现场展示农夫山泉各个美丽的水源地，邀请消费者去参观美丽的水，一起保护水资源。这一公益营销就是在树立农夫山泉的社会责任形象，赢得公众对品牌的信任与好感。“美丽的中国，美丽的水”从公益、社会责任层面表达了“天然”，它代表了农夫山泉“天然”的公益价值和社会责任形象。

就这样，钟睒睒通过各种方式将“长白山”与农夫山泉联系在一起，抢占了“长白山”心智资源。

农夫山泉虽然抢占了“长白山”这一心智资源，但它的主销产品毕竟不是产自长白山的。再加上包装水市场正在不断细分，矿泉水品类大发展，昆仑山自 2010 年上市以来标榜高端雪山矿泉水，高铁上盛极一时的 5100 则主打冰川矿泉水；“水中贵族”百岁山也通过品牌打造，成功占据了 3 元矿泉水价格带，统一爱夸又逐步打开了 4 元矿泉水市场。再加上又有母婴水等细分新品类开始涌现，品牌创新十分活跃。

在这一消费升级的趋势下，纯净水、天然水、矿泉水的发展路径已经十分明显，一系列高价位矿泉水的成功让主打天然水、占据 2 元价格带的农夫山泉倍感压力，矿泉水市场竞争日趋白热化，水源地心智“战争”全面打响。

2015 年 2 月，农夫山泉在长白山召开发布会，一口气推出了玻璃瓶装高端矿泉水、运动瓶装学生天然矿泉水、天然饮用水（适合婴幼儿）三款高端产品。这三款产品的水源地都来自长白山的莫涯泉，莫涯泉拥有天然均衡的矿物元素，并且钠含量更低，是稀缺的低钠矿泉水。

在产品包装设计上，这三款水拥有的高颜值，让广大消费者赞赏不已，而且将长白山的珍稀物种、春夏秋冬的四季风景作为图案和插画印在包装上，使农夫山泉与长白山建立了更强的关联。

在这之后，通过长白山水源地宣传片的投放——春夏秋冬和“长白山寻源之旅”等公益活动，农夫山泉强化了天然、长白山水源地的品牌认知，不仅巩固了市场地位，而且通过公益环保、乡土情怀的宣传，树立了企业责任，赢得了消费者的信心和信任。

回顾农夫山泉的成长路径，钟睒睒始终坚持在心智上做投资，让心智资源可积累、可沉淀并形成品牌资产，从而使农夫山泉与其他品牌的竞争脱离了货架，让消费者在买水的时候第一时间就想起农夫山泉。今天的农夫山泉，不仅代表天然饮用水，更代表的是“天然、健康”的理念，旗下的很多产品都会因为“农夫山泉”这个符号，激发和释放出沉淀在消费者心智中的势能。

随着时间的累积，农夫山泉在消费者心智中的能量势必会越来越强，在行业的竞争壁垒也会更加坚固。

世间所有事情皆有因果，农夫山泉称王是果，而钟睒睒持续 20 多年在心智上的投资便是因。

公益让营销更有温度

无论是进入饮用水行业，还是涉足其他饮料领域，农夫山泉往往可以跨过前人设定的门槛，后来者居上。除了广告天才之外，公益也是钟睒睒征服市场的“温柔”武器。

很早之前，钟睒睒就已经开始尝试公益营销，广为人知的是农夫山泉坚持多年的“一分钱”活动。

2001 年，农夫山泉以每销售一瓶农夫山泉就提取一分钱的形式，代表消费者来支持北京申奥事业。当时，农夫山泉的“一分钱”广告投放到中央电视台，随着刘璇、孔令辉那颇具亲和力的笑脸，这个广告每天都在渗透着人们的生活，让人们了解到“再小的力量也是一种支持。从现在起，你买一瓶农夫山泉，你就为申奥捐出一分钱”。

随着主办城市投票鼓点的密集，申奥气氛也跟着气温一天天升高，站在申奥队列中的农夫山泉也不知不觉成了一锅沸水。企业不以个体的名义，而是代表消费者群体的利益来支持北京申奥，这个策划在所有支持北京申奥的企业行为中是一个创举。这一年，因其倡导的“聚沙成塔”宣传理念，农夫山泉的这个“一分钱”行动被评为“十大成功营销案例”之一。

在随后的2002年，“一分钱”行动的主题更换为“阳光工程”。农夫山泉共向全国24个省的395所学校捐赠了价值500万元的体育器材。

2004年，第三届“一分钱”行动与雅典奥运会同行，支持“中国体育事业”。钟睒睒说：“金牌与健康，我们的梦想和体育精神完全吻合。”

2006年，钟睒睒与中国宋庆龄基金会达成协议，共同举办“饮水思源”助学活动，采用“一分钱”的方式捐赠“饮水思源”助学活动，捐赠总金额不低于人民币500万元。

因为持续的“一分钱”行动，越来越多的人记住了这个热衷于公益慈善的品牌。“一分钱”公益营销也载入了中国经典营销事件的史册，成为营销的典范之作。

“一分钱”行动的成功，是因为第一次在国内采用了“消费即慈善”的公益营销方式，这种方式很好地迎合了人们心中那份本来的善良。不是说人们需要通过捐赠一分钱来帮助其他人，而是要让消费者感受到农夫山泉是一家有责任的企业，是一家值得人们信任和支持的企业，也正是这种信念的逐渐加强，让农夫山泉获得了巨大的市场效益和品牌效应，成为顾客心中一个强有力的“真的有点甜”的著名品牌，成为一个让顾客乐意接受的著名品牌。

其实，只是从捐赠的数量上来说，农夫山泉历年的“一分钱”捐赠绝不算多，距离胡润中国慈善排行榜的上榜企业或者个人还差得很远，但其产生的社会影响有过之而无不及，其中的奥妙便在于钟睒睒是以营销的心态来操刀公益的。而“一分钱”行动之所以能持之以恒地坚持下去，让更多的人受益，是因为钟睒睒在公益营销中发现了利益回报，找到了实现社会价值的路径，这是一个企业与受助群体双赢的过程，也是一个不断为企业公益提供动力的过程。

钟睒睒不但热衷公益，还一直走自我创新之路，开创了多种创新公益模式。

红鼻子节起源于英国喜剧救济基金会，其用快乐来传播公益的理念，对农夫山泉有很大的启发。2017 年圣诞节，农夫山泉以“戴上红鼻子，快乐做公益”为主题，采购了 30 万个红鼻子，从上海到广州，从杭州到宁波，从 7-11 到 Vango 便利店，从罗森便利店到华润万家超市，农夫山泉的红盖子天然水统统兴高采烈地戴上了红鼻子。这引发了一片好奇，继而引发了更大范围内的感动与爱心——由农夫山泉购买的 30 万个爱心红鼻子，将用于支持捐献 25 万份免费午餐给中国贫困儿童，而众多的参与者不仅收获了喜悦，更播种了慈善。

此外，农夫山泉还将线下店面门头装饰焕然一新，并在上海等地举办“快闪”活动，号召公众参与共同慈善秀。同时在微博、微信、H5、京东旗舰店发放线上红鼻子，消费者只需购买农夫山泉，带上红鼻子，就能快乐地做慈善。

这是一次与快消领域的知名 IP（Intellectual Property）共同创新，实现了生态共生——红鼻子为红盖农夫山泉赋予了全新的快乐慈善内涵，而当人们提起红鼻子节的时候，会想起第一次大规模接触的载体——农夫山泉。可以说，这是一次成功的营销创新。对于农夫山泉来说，它出钱又出力，在合作中奉献颇多，似乎有点儿吃亏。但站在品牌的角度看，与红鼻子节 IP 的合作，意义重大——它不仅强化了消费者对农夫山泉快乐、慈善的认知，更实现了天然、快乐、慈善的多维度统一。

25 万份免费午餐通过农夫山泉的红鼻子捐献给贫困儿童，让他们在寒冬也可以感受到温暖的关爱。农夫山泉发挥了一个社会企业的纽带作用，让更多人关注慈善。它与红鼻子的合作，不仅仅是一次与 IP 的共同创新，更是其社会责任感的体现——农夫山泉，不仅仅是大自然的搬运工，更是快乐慈善的传递员。

2019 年，农夫山泉和其母公司养生堂共同赞助了一档名为《忘不了餐厅》的综艺节目。这档综艺是以认知障碍症老人为视角，形式非常不同，一开始少有赞助商，但钟睒睒赞助了。他这么做，原因很简单，不是为了商业利益，而是为了让大家能够关注这样一个群体。而且，在钟睒睒看来，这个节目传达出来的理念与他创立养生堂之初就一直传递的“养育之恩，无以为报”品牌理念是非常吻合的。

没有预先脚本，没有絮絮叨叨的独白，没有煽情式的悲情表演，有的是 5 位老人都以最放松的姿态出现，有的仅仅是展现最真实的状态。《忘不了餐厅》这部一开始并不被市场看好的节目，却出人意料地火了。《忘不了餐厅》登录腾讯视频后，上线 24 小时，播放量破 2000 万，节目微博阅读量 1.4 亿，讨论量 9.3 万，可见社会关注度之高。而赞助这个节目的农夫山泉，其品牌知名度和美誉度也大大提升。

2020 年，农夫山泉又联合中国银联合作推出“诗歌瓶”，将山区孩子们写的诗印在超 1 亿瓶的农夫山泉饮用水瓶子上，旨在让更多人听到“来自大山里的声音”，暖得人们热泪盈眶。

在这之前，上海陆家嘴出现了 15 个特别的诗歌 POS 机。这是中国银联打造的公益活动，消费者只要在诗歌 POS 机上刷 1 元钱，它就会立刻反馈一张印有诗歌的小票，富有创意的公益行动引发了巨大反响。而农夫山泉跨界中国银联推出的“诗歌瓶”，正是从银联诗歌 POS 机里面选择的诗歌。

这些诗歌的作者全都是来自四川、安徽、河南等地山区的儿童，他们之中大一点儿的不过12岁，小一点儿的只有8岁，但字里行间时而韵味无穷，时而充满了他们对父母的依赖与真情，这些诗虽然只有三言两语，却是他们对童真、亲情、自然的思考，灵动且感人至深。大山里的这些小诗人，用灵气、纯真的语言搭配简笔画，让每个历经世事沧桑的人都紧随着他们的笔触，情不自禁地将目光投向大山深处，感受他们对世界的幻想和期待。

不仅如此，农夫山泉这波通过“诗歌瓶”形式传递山区孩子们心声的活动，不只是广告上的视觉创意，更有落到实际行动中的暖人之处。

每一瓶农夫山泉瓶身上都有一个二维码，消费者扫描二维码，不仅可以听到孩子们读诗的真实声音，还能参与到银联云闪付的助力捐赠活动中，为山区孩子的教育出一份力。

在这次公益项目中，农夫山泉还在各大商场、便利店等线下卖场进行宣传，并延续“银联诗歌POS机”的公益形式，消费者可以花一元钱在POS机上买一首印有孩子诗歌的POS单，款项将全部捐赠，用来支持山区儿童教育事业。

农夫山泉诗歌瓶，满载的不仅是山里孩子纯真的梦想和真挚的情感，直击人们内心深处的柔软，也令更多人看到了山里孩子的才华，关注起了那些隐藏在大山中的光芒，在提升自身品牌的知名度及美誉度的同时，也将营销事件上升到社会影响的层面。

世界营销大师菲利普·科特勒在《营销革命3.0》中早已指出：我们正创造和见证营销3.0时代，消费者被还原成“整体的人”，“交换”“交易”被提升成“互动”“共鸣”，人文精神成为营销的驱动力量。钟睒睒将目光聚集于留守儿童这一少数群体，并以一亿多瓶天然水为媒介，把留守儿童的故事讲给了所有人听，其对少数群体的关注，让孩子们的才华被人们看见，也将企业的社会责任和人文关怀融入瓶身营销的创意中，向社会传递出满满的正能量。这种与用户价值观上的共鸣，无疑更能让品牌深入到用户的心智中去。

中国传统的文化中，“与善不为人知”的思想一直是制约着中国企业家开展公益营销的一个障碍。很多人认为做善事就是做善事，做营销就是做营销。其实这两者不是对立的，也不应该被对立起来。一个善良的企业家，应该得到人们的信任和尊敬，从而促进企业家事业的良好发展。公益营销是一个“让好人更好”的营销手段，这也正是公益营销的魅力。

钟睒睒正是深刻地洞察了这一点，才不断地通过各种有温度的公益营销活动，在消费者心中为农夫山泉树立起一种有公益心、有爱心的善举形象，这样不但迅速提高了农夫山泉产品和品牌的曝光度，而且大大提升了品牌在消费者心中的美誉度、认知度，使其为千万人所知、所赞，宣传效果可谓事半功倍。

第五章

死磕产品，要做就做到极致

工作和生活中，钟睒睒其实是个很吝惜时间的人，但花上几年甚至十几年去钻研某一个产品，对他来说却是一件非常平常的事情。在这方面，钟睒睒从来不怕慢，也不怕花时间，在他眼里，“分娩”似乎远没有“怀胎”来得重要。他说：“我们传统企业不能在快车道上跟人家比拼，我们要在慢车道拼自己的个性、独特性。”

匠心打造极致产品

钟睒睒是业内公认的中国企业家里最懂营销的人之一，但是钟睒睒并不把营销放在第一位，在他眼中，没有极致的产品，营销等于“0”。极致的产品是“1”，营销是在后面加“0”：

> “任何营销活动的成功，必须以产品作为背书。你没有很好的产品，再好的营销活动，也是意思意思。像无线的风筝一样，可能会飘上去，但飘高了以后，可能你飘得不长久。所以我觉得每个营销活动，还得以产品作为自己的底子，如果你产品底子不好，那么营销活动可能加速死亡。如果你产品底子好，那么每次营销活动都会帮你增量。这完全看你产品的底子好不好。”
>
> “世界上没有一个人可以说广告做得好就可以把东西卖出去，产品本身决定了它能不能卖。他们以为产品是可以炒作出来的，你想，我没有千岛湖的水我能做成农夫山泉吗？”

钟睒睒正是因为在产品这个“1”后面，加了数不清的“0”，才成就了今天的商业帝国。

钟睒睒对产品的掌控已经到了无以复加的程度。当然，这里的掌控并非事无巨细地参与、监控产品生产流程，而是指产品研发、设计、定位等基本都在按照他的思路进行。

回顾养生堂和农夫山泉旗下诸多产品的出炉，大多深深烙下了钟睒睒的印记。因为在产品生成过程中，为使自己的思维理念更多地融入产品中去，钟睒睒向来身先士卒，亲自推进了很多工作。

比如，为了保证农夫山泉水质，他可以在全国范围内寻找好的水源地，基准是对标和超过国际品牌；为了找出合适的橙树品种做果汁，他可以化身果农，在种橙子这件事上投入数年。而像尖叫、水溶C100、东方树叶等，之所以能独具特色，一经上市便颇受关注，同样离不开前期的精心设计与筹划。

说起像钟睒睒一样的“产品控”，可能很多人会不约而同地想到苹果手机的灵魂人物乔布斯。在“超级产品经理”这一群体里，乔布斯是绕不开的话题，每一款苹果手机的诞生，背后都有他的专断和严苛。据了解，乔布斯的团队经常会接到他所提出的看似不可解决的难题，往往要经历反复折磨和否定，才能将乔布斯天马行空的想法予以实现。当然，也由此造就了曾经无可替代和难以超越的苹果手机产品。

钟睒睒在产品上的“专断”与严苛，不逊于乔布斯。比如，仅仅在设计高端水瓶身的过程中，他就曾推翻了50多稿、300多个方案。从打造一个产品的周期来看，钟睒睒所花的时间，远比乔布斯要长得多。

毕竟，苹果每年推出新品，而养生堂一个产品的亮相，大多要经历长期的筹划与磨合过程，短则两三年，长则七八年。虽说钟睒睒很会“生孩子”，但“怀胎”的时间却是漫长的。

功夫要花在产品形成之前，在钟睒睒眼里，“分娩”似乎远没有“怀胎”来得重要。

2017 年 11 月 26 日，养生堂发布了 3 款以桦树汁为原料的补水型护肤品，这些产品同样耗费了钟睒睒不少时间。

和之前钟睒睒推出的多个产品一样，仅在原料这一环，就有相当长的摸索周期。养生堂这款化妆品主要原料为桦树汁，相当稀缺，大量获取难度较大，所花费的时间就更多了。

一直以来，钟睒睒在产品原料上都十分讲究，像农夫山泉的水源，就是在全国各地遍寻优质水域之后，才最终选定的。农夫山泉 NFC 鲜榨果汁饮品，只采用种了 8 年的 17.5° 橙为原料。

养生堂的桦树汁化妆品所用的并非一般的桦树汁。据了解，之所以将桦树汁作为护肤品原料，源于其极强的保湿功能及对皮肤的保养功能。

以钟睒睒的脾性，桦树汁肯定要找最好的，于是，免不了一场大规模的找寻工作。最终，位于北欧芬兰的桦树林成了他锁定的目标。

只不过，钟睒睒必须要正视一个问题：由于采集周期短，桦树汁很难实现量产；要想不破坏桦树汁的活性成分，还需要标准极高的无菌保存技术做支撑。这两点也是桦树汁难以被运用到化妆品中的主要原因。

此前中国市场出现了不少桦树汁产品，但几乎都是在打概念牌。毕竟，技术难题不解决，桦树汁就不可能作为化妆品原料被广泛采用。

钟睒睒的“超级产品经理”属性，往往能在遇到瓶颈时得以释放。而他，本身也是个执拗的人。正因为如此，才会派遣团队在芬兰待了 3 年，一门心思地研究桦树汁采集技术。最终，3 年的时间没有白费，养生堂对桦树汁采集量由最初的 20 吨增至上千吨。

仅仅为了获得最好的原料，钟睒睒就毫不吝啬地予以投入，甚至花费相当多的时间和精力。而这，其实也是钟睒睒独到的产品逻辑的一种。

> “我们始终认为，一个产品在概念设计时就应该看出它是不是好产品，而包装和推广只不过是锦上添花。如果产品本身不行，没有好的基因，那再怎么包装和宣传，也无法很好地推往市场。”

类似的话，钟睒睒在很多场合都讲过。产品远比营销更重要，钟睒睒不止一次用这个观点，来回应很多人对自己的误读。

虽然把产品本身看得很重，但钟睒睒却不是产品体验至上的人。比如，在农夫山泉的诸多饮品中，在口感上其实并未遵循大众喜好，比如东方树叶、水溶 C100 等。

为什么会这样？原因就在于，钟睒睒在产品上可能会舍弃一些东西，但绝不会妥协。以东方树叶为例，为了成就一款原味、健康的茶饮料，其所含糖分和能量皆为 0。当然，这样导致的结果是，东方树叶的口味比较寡淡。不过，相比糖分和能量双高的饮料，东方树叶对人体显然更有益。

“植物源”是养生堂化妆品从诞生之时就在强化的概念，最终，这一产品核心原则被钟睒睒发挥到了极致。

“以 100% 的桦树汁为原料，不额外添加一滴水”，这样的设定，无疑是希望能够将产品的补水性能最大化。此外，原料完全使用桦树汁，也颠覆了“不少化妆品功效元素来源于矿物质”的状况，对于人体而言，自然更加天然、环保、无害。

当然，目前很多化妆品都习惯在产品中加入化学试剂、香精、防腐剂等成分，使用户获得更好的产品体验。相比之下，养生堂化妆品可能在使用体验上不算突出，但比起功效及更加纯粹的品质，这点牺牲显然是微不足道的。

值得一提的是，为解决植物天然产品更易导致皮肤过敏的问题，钟睒睒还花了 8 个月时间去做人体安全测试，逐一找出过敏源并予以清除，从而保证了养生堂化妆品功效性和安全性都能处于一个相对不错的水平。

客观来讲，钟睒睒在做化妆品之前，是不懂化妆品的，正如他做保健品前不懂保健品，做饮用水前不懂饮用水一样。但是到了后来，他不仅是保健品和饮用水行家，对于化妆品，也早已建立起相对成熟的认知。

这一切，源于他对自己的独特定位。正因为深入了解产品，并将自己的商业逻辑紧紧融合到产品里，才可能成为产品的掌控者。

钟睒睒之所以耗费心力与时间耐心打磨产品，是因为在他看来，产品是商品，但又不只是商品："产品与产品的比较一定是造福消费者的，我们很多人把产品就叫作商品，商品跟产品是两回事情，产品里面包含着研究成果、心血，科技、岁月的积累。商品不一样，商品是售价，商场里面的买卖关系。如果一个企业不通过产品来向社会表达他的贡献，那要这个企业干什么？"

他一直认为，不断奉献更好的产品，是对消费者的负责："我相信消费者能理解农夫山泉，我们就是要告诉消费者，我们在干什么，我们用时间证明，我们用时间在研究，我们认认真真做每一个产品，产品就是我们的荣誉，产品承载着我们的情感，产品承载着农夫人的良知。”

据农夫山泉产品研发负责人孙丽军回忆，多年前的一次研发会议上，钟睒睒给研发人员定了研发原则：第一，是不是愿意给自己的父母子女饮用；第二，是不是给消费者提供了足够的利益点；第三，当下还有没有做得更好的空间。

农夫山泉每年在研的新品超过20个，但最终通过评审上市的寥寥无几。在一次采访中，钟睒睒是这样说的：“这两年，市场上冒出了很多新品。经常有人会问我们，为什么农夫山泉不出同样的产品。其实技术上完全不是问题，有些甚至我们10多年前就已经研发成功了。我们会反复问自己产品是不是足够好，是不是比竞品做到了更天然或更健康？如果在天然和健康的维度上，我们没有相较于竞品的明显优势，我们会选择继续精进而不是盲目上市。天然和健康是最高追求，也是底线。为了销量而放弃标准，在农夫山泉是决不允许的。”

“超级产品经理”这个词，对评价钟睒睒来说，是一个再合适不过的词语。

十年寻一泉

钟睒睒曾经讲过这样一件事。有一次，可口可乐中国区总经理问了他一个问题：“中国人会为水的好坏付钱吗？”他回答说：“可以。”而水源就是钟睒睒所说的衡量水是好是坏的指标。

因此，无论是 2008 年的“我们不生产水，我们只是大自然的搬运工”，还是 2017 年的“什么样的水源，孕育什么样的生命”，农夫山泉都在努力通过广告让消费者形成农夫山泉有优质水源、水源好、农夫山泉值得信赖的印象。

钟睒睒认为，高质量的天然饮用水源于优质天然水源，优质天然水源是奠定饮用水优秀品牌的基石，优质水的水源地决定着瓶装饮用水的生命。选择并占据好水源，是拥有好品质的第一步。

一直以来，精选水源都是钟睒睒的重中之重。

刚刚涉足水业时，农夫山泉纯净水的市场份额并不是很高，为了在竞争激烈的饮料市场立足，钟睒睒果断地率先买断了浙江千岛湖 20 年的独家开发权。后来，在积累了一定的市场经验、资金、品牌知名度和渠道之后，钟睒睒发动了对纯净水企业的进攻。从某种程度上来说，千岛湖的优质水质，让他在发起那场“世纪水战”时更有底气。

成为国内天然水“霸主”后，钟睒睒没有停止战略思索：天然水生产对水源的要求非常高，所以，水源地的储备对饮用水企业来说是至关重要的。显然，一个千岛湖根本不够搬运的。而且，因为饮用水属于低价值快速消费品，要占领全国市场，必须完成生产基地的全国布局。农夫山泉采取的是完全不同于其他为节约成本而在中心城市建厂与城市争自来水的策略，因此，开辟其他优质水源就成为农夫山泉最具战略性的决策。

于是，钟睒睒高瞻远瞩地把目光投向了整个中国版图，先后在南水北调中线工程源头湖北丹江口、长白山自然保护区靖宇水源以及华南最大的国家级森林公园内的万绿湖等国家级珍贵水源建立了生产基地，为完成全国布局打下了坚实的基础。

在这个问题上，钟睒睒眼光之准、把握之准，令人叹服。在同行业其他企业还因为“天然水”与“纯净水”之战失利而陷入迷茫中不能自拔的时候，钟睒睒却在四处寻找优质水源，并将很多处于深山密林中不可复制的国家级珍贵水源收入囊中。比如 2002 年 7 月，农夫山泉吉林长白山有限公司就在长白山靖宇县投产。当时，刚刚拿到“中国矿泉水之城”称号的靖宇，在矿泉水资源开发上还是摸着石头过河，而钟睒睒在那个时候就已经意识到了长白山水源的价值，将其一举拿下。

当年，不少同行都认为，钟睒睒这样做，无疑是“自取灭亡”，舍近求远，运费将成为其不可承受之重。后来，其他饮用水企业终于回过神来，开始加大全国圈水力度，却为时已晚。因为在很多优质水源地，农夫山泉都颇有先见性地与当地政府签订了排他性合作协议。因此，其他饮用水企业无论是开发水源还是投资建厂都处处掣肘，举步维艰。

在饮用水行业，水源的争夺如同地产界的“圈地”，具有资源独占性的特点，随着中国水消费市场整体升级，未来对水源的争夺也会更加激烈。正因为钟睒睒的未雨绸缪，农夫山泉才占尽了先机。经过多方筛选和布局，农夫山泉已经形成了十大水源地：浙江千岛湖、广东万绿湖、湖北丹江口、新疆天山玛纳斯、四川峨眉山、陕西太白山、吉林长白山、贵州武陵山、黑龙江大兴安岭、河北雾灵山，从南到北，从沿海到内地，无一不是名湖名川。当年的坚持，让如今的天然水源布局成了农夫山泉最大的护城河。这是任何竞争对手短期内都无法获得的竞争优势。

正如农夫山泉招股书中所说：“我们独具战略眼光，提前布局十大优质水源，形成了长期稳定的竞争优势。从 1996 年成立至今，我们已成功实现了对中国十大优质水源地的提前布局，我们的十大水源分布在中国各个不同区域，不仅能全面覆盖全国市场供应，并能有效缩短运输半径，有助于减少产品从生产线运送至货架的时间，控制物流开支，保障利润水平。”

真可谓留给旁观者的，是惊叹；留给对手的，是绝望；留给消费者的，是信任和价值。

钟睒睒的战略性思维不止于此，他不只是占水源，还在当地开发工业旅游，充分挖掘这些水源地的价值。

钟睒睒意识到，这些藏在深山密林中的水源在向设在旁边的农夫山泉水厂提供优质水源的同时，更是一个个蕴藏着极高商业价值的宝贵旅游胜地。为了充分发挥这些水源地的价值，被优美自然风景包围着的农夫山泉的工厂被设计成为具有观赏价值的工业旅游项目，农夫山泉有四处生产基地和工厂相继向旅游者敞开了大门，在农夫山泉的水源地之一广东万绿湖，农夫山泉还建了华南最大的景点式旅游工厂。

消费者来到这里，不但可以亲眼看到“有点甜”的农夫山泉是如何生产出来的，还能通过现场试验，亲自体验到自己喝的水是弱碱性还是偏酸性。通过工业旅游的过程，消费者既能从零污染的、优美的自然风光中获得感性认同，又能从科学的亲自体验中获得理性认识，洁净优美的厂区和生产线又进一步增强了农夫山泉的美誉度和消费者的忠诚度。

这种别具一格的工业旅游项目，拉近了农夫山泉与消费者之间的距离，持续创造着旅游带来的价值。对水源地的工业旅游价值的开发，使农夫山泉达到了工厂经营的最高境界。因为自然资源以及消费者心智资源的不可复制性，农夫山泉也就远远地把同行抛在了身后，成为名副其实的品牌第一。

走慢路，用长期主义做生意

很多业内人士在谈到钟睒睒的时候，都会提到一个词——慢。大多数时间里，钟睒睒似乎只是沿着最初设定的路径缓步前行，稳健地推进每个阶段、每个环节的工作，不心急，不求快。

其实，在商业社会里，有猎人，也有农夫。

猎人身处的环境往往危机四伏，必须保持高度的警惕性，要面对巨大的不确定性，要经历漫长的等待，甚至要直面死亡，但收益通常也很高，一扣扳机，很大概率能获得猎物，能保证一段时间的衣食无忧。然后再寻找新的猎物，打一枪换一个地方。用猎人思维来创业的人，往往是发现哪个领域赚钱，就切入进去，研究一番，捞上一笔。

农夫每天早出晚归，开荒播种，然后辛勤地浇水、施肥、松土、除草，通过辛苦劳作取得收益。农夫总是一步一个脚印，他会顾念这块田地明年、后年的肥力，虽然步伐相对慢一些，但年年都能获得丰收。用农夫思维来创业，需要先种后收，先育后成，慢则慢矣，却始终稳步前进，持续创造长远价值。

猎人思维和农夫思维并不分谁高谁低，也不分谁对谁错，他们都在为社会创造价值。但不同的思维方式，却往往会引领企业走向不同的方向。

农夫山泉以“农夫”为名，它背后的经营哲学也是一种农夫思维。钟睒睒认为，“生意两个字，生就是生存，意就是意义，就是说企业生存的意义就是生意。企业的最高境界不是大，而是长远。”

无论进入哪个行业，钟睒睒考虑的都是两个字——长远。在接受中央电视台《对话》栏目采访时，钟睒睒曾这样剖析自己的经营理念：“我从 2000 年以前就开始研究企业的长寿问题。我为什么会从保健品跳到做水，很大的一个程度上是因为人不能不喝水，这是长线产品；第二个，我为什么从龟鳖丸会做到维生素，因为维生素是长线产品；为什么我又会从维生素做到牛肉棒，牛肉棒也是长线产品。我现在考虑的每一个产品都是要考虑一百年，也就是你走得下去，你即使要进行技术改进，也不成为非常重要的问题。因为高技术就是短命，高技术、高科技伴随的就是更新换代。你占据了一个好的水源，你占据了整条价值链，你的价值链的管理做好了，你的企业的行业标准都是你的。”

当企业达到一定体量后，赚快钱很容易，但总需要有企业愿意去做那个“傻子”，付出自己的时间与心血去把事情做到极致。自创立公司以来，钟睒睒在产品研发上一直是“慢”得出奇，一点儿都不像快消品企业。因为，钟睒睒的逻辑是：每做一个产品，都要往爆款的方向去打造。产品上市后，必须扛起某个品类，才算是真正的成功。

为了保证瓶装水的水质，钟睒睒在全国范围内寻找好的水源地。始终坚持水源地建厂、水源地灌装，保证每一滴农夫山泉都有其源头。每一个水源的寻找、确立和建设工程都极为漫长。比如四川峨眉山，从寻找水源、确认开发到建厂投产，整整花费了 5 年的时间。在建造峨眉山工厂的时候，由于工厂选址在水源附近的山坳里，第一批建材是用骡子驮上山的。光驮这批建材，就花费了整整半年。又比如长白山抚松水源和工厂，从找水源到最后投产，整整用了 7 年。这在建厂投产平均周期差不多一年半的饮料行业，几乎是难以理解的缓慢。

为了用赣南脐橙榨出鲜美的果汁，钟睒睒花了整整 10 年的时间，上下求索，终于攻克世界难题。

为了找到极为珍惜的天然水来制作高端水，钟睒睒用了 10 年时间在全国各地寻找适宜水源。

为了使瓶身设计更具美感和独特性，更能体现其高端水的定位，也为了向栖息长白山中的生灵表达敬畏，钟睒睒和农夫山泉团队用了长达 3 年的时间精心打磨，邀请来自 3 个国家的 5 家设计工作室来提供创意方案，经历 58 稿、300 余次设计后才定稿。

为了能有一个极具颠覆性的补水保湿产品出现，钟睒睒带领团队，不惜在第一款养生堂补水保湿产品上投入了 3 年多的时间。

为了打造一款潮流前沿的咖啡产品，钟睒睒不惜用两年的时间来酝酿这款产品。

为了让植物酸奶媲美常规酸奶口味，钟睒睒历时 3 年研发，尝试了 1000 多个配方，才最终将其打磨成型……

伟大的企业无不是长期主义的践行者，而钟睒睒的成功正是因为他是一位长期主义者。工作和生活中，钟睒睒其实是个很吝惜时间的人，但花上几年甚至十几年去钻研某一个产品，对他来说却是一件非常平常的事情。在这方面，钟睒睒从来不怕慢，也不怕花时间，在他眼里，“分娩”似乎远没有“怀胎”来得重要。他说：“我们传统企业不能在快车道上跟人家比拼，我们要在慢车道拼自己的个性、独特性。”

慢活出功夫，现在，对于自己的产品，钟睒睒有着无比的自信，甚至有些“目中无人”。毕竟，很少有人会在自己亲身介入一个行业前，去观察这个行业10年，而钟睒睒就是这样的少数人之一。

在快节奏的今天，慢跑者是孤独的，但钟睒睒告诉我们做企业需要有农夫的耐心和坚持。“不谋全局者，不足谋一域。”不谋十年者，不足谋一时，这就是钟睒睒高明的地方。

没有技术，会死得很快

如果说用10年的时间来观察行业、一步一个脚印地走慢路让钟睒睒建立起庞大的商业帝国，那么，对于技术和创新的重视，则是农夫山泉推出的一个个产品成为爆品的原因。

在钟睒睒眼里，“有技术创新才能竞争，没有技术的营销只会死得更快”。一向推崇“慢”的钟睒睒，只要看到技术创新的机会，就会瞬间启动，以百米冲刺的速度抢占高地。

2011年，钟睒睒带领农夫山泉的团队到日本去考察生产设备，在日本的一家工厂里，钟睒睒第一次得知了百万级无菌生产线。通俗地说，这条生产线可以实现生产100万瓶饮品，没有一瓶产品受到微生物污染的超高纪录。而在当时，国内饮料生产的最高标准仅为十万级，与百万级无菌生产线有着巨大的差距。

钟睒睒大为心动，认为农夫山泉饮料升级的机会到了。但是，一条无菌生产线的成本高达上亿元，而且还需要引进人才，从头培养技术团队。对当时的农夫山泉来说，这笔投入实在太大了。

尽管如此，钟睒睒仍坚持己见，并且决定以最快的速度引进百万级无菌生产线。

陈开利是农夫山泉无菌设备的引进负责人，曾长期在日本工作，一次偶然的机会结识了钟睒睒。钟睒睒对他说，你来农夫山泉，我们一起把中国的饮料做得和日本的一样好，甚至更好。原本准备退休的陈开利被打动，决定加入农夫山泉。

“当时不少人是反对的。这条生产线非常昂贵，当时大家不知道买了它可以干嘛。但公司希望用这样一种方式，倒逼产品和管理的快速升级。后来的事实证明，这极大加速了新品的诞生和老品的迭代。”陈开利回忆当年的情形。

正是这次技术革新促成了中国饮料行业一款具有里程碑意义的产品——无糖茶饮料东方树叶的诞生。

因为采用了无菌生产线，东方树叶没有添加任何防腐剂与香精，却能把原茶的色、香、味完整地保留在瓶内。同时，基于无菌生产，农夫山泉解决了茶饮料极易氧化变色的问题。受制于氧化难题，市面上大多数茶饮料都采用全瓶包方式，用包装的颜色“对冲”掉茶汤颜色改变带来的不良观感。东方树叶则采用了两面全透明包装，其底气与能力可见一斑。此外，无菌生产技术还意味着免去了长时间高温加热的步骤，饮品的口感及营养留存度都得到了提升。

继茶饮料之后，农夫山泉旗下包括维他命水、果汁、碳酸饮料等产品，全部启用了无菌生产，全系列饮料均实现了不添加山梨酸钾等防腐剂的“小目标”。目前，行业内能做到这一点的企业屈指可数。而像这样的生产线，农夫山泉已经装备了十几条。农夫山泉的工艺迭代速度之快，放眼世界都是比较少见的。

充足的技术积累，也使得钟睒睒能更快地进入到新的领域，实现跨界。

2017 年 11 月 26 日，养生堂 YOSEIDO 化妆品新品发布会在杭州召开，三款以桦树汁为原料的补水型护肤品高调面市，推出了极具颠覆性的“补水不用水”的新概念，钟睒睒正式进军化妆品行业。

发布会后，有媒体问道：“农夫山泉是如何跨界进入化妆品行业的？”钟睒睒将其归因为农夫山泉丰厚的技术积累：“我认为跨界，从农夫山泉的意义上是跨界，但是从养生堂的意义上没有跨界，只不过我们到了一个新的领域……我们钻到这个（桦树汁）里面去了，而像别人可能连注意都没注意到桦树汁这个领域。不是一定说我们一天就能跨到这个水平，不是这样。……我们在其他领域有很多积累。这种积累的过程当中，使你可以快速进入到一个新的领域，而且在这个新的领域的发展速度跟你的研究底子成正比关系，你研究越丰厚，积累越丰厚，那你的速度就会超上来。”

钟睒睒对技术和科研的理解非常深入，因为他一直关注着许多相关领域的前沿动态，对那些一线的技术和创新都知之甚稔。他曾发表过自己对科学的看法：“科学它很特殊的就是反复比较，反复比较才叫科学。实际上科学这种‘横空出世’的东西是不太有的，几乎是不太有的。或者你有一个浪漫主义的想法，但是它还是要有很多科学的手段去验证它，你不断去验证它这个东西是不是存在，是不是客观。”

即使是在刚刚进入的化妆品领域，他也有自己独特的观点：“创新的东西要创新什么？原料创新，基料创新。就是你看看多少原料和基料是中国生产的，活性成分，这些东西你有没有突破，如果你基础工艺没有突破，光调，调不出东西。巧妇难为无米之炊。化妆品工业的落后是在于我们基础研究工艺的落后，而且这个落后还会持续好几年。从我现在的眼睛看出去，持续 5 年是一点问题都没有，你赶不上的。

大家会觉得你钟睒睒说话很狂，但是你没办法。”

对技术和科研的重视落实到企业经营中，则体现在科研投入上。2017 年至 2019 年，农夫山泉在研发投入上分别为 4700 万、1.07 亿、1.15 亿，规模逐年提高。钟睒睒不只是砸钱，在他看来，砸钱做出来的是愚昧。“任何一个产品都是人类知识的积累，如果没有知识的积累，光有钱砸下去有用吗？我们大家砸砸看，我们把金子砸在地上，能长出金子来吗？当然钱是必须要的，但看钱掌握在谁的手上。”

除了投钱，钟睒睒还非常重视人才。钟睒睒设立了两个科研机构，聘请了一大批生物科学、中医药学、营养学等学科的专家、教授，组成强有力的科研队伍，对中西新药、营养保健品、基因工程药物以及饮用水等进行深度研究和开发。除此之外，钟睒睒还投资数千万元，先后与美国加州大学及中国厦门大学、香港大学、北京大学等科研机构合作，进行生物、医药等方面的研究开发。

在农夫山泉，技术研发岗位的员工地位是最高的。高到什么程度呢？比钟睒睒还高。

在农夫山泉总部园区，1 号楼原本是钟睒睒的办公室所在。后来，他却坚定地搬了出来。因为这栋楼是全园区地理位置最好、设施最完备的大楼。同时，他认为，“1”代表着引领，引领公司的必须是知识、技术与人才。这栋楼最终让给了研究所。

2017 年 11 月，在面膜新品上市发布会上，钟睒睒还摒弃了明星出场，将舞台留给了研发人员和生产企业。

因为这样的超高地位，技术岗位的员工们都特别有干劲。不仅公司力主的项目加快步伐，公司没有派下来的研究，只要大伙儿觉得有意义，也会推进。农夫山泉研究团队也确实不负众望，他们的研究很多时候是超越市场的存在。比如，依靠自主创新，研发团队解决了困扰全世界饮料行业几十年的“脐橙榨汁”难题，在全世界率先推出了脐橙 NFC 产品。

在一次公开讲话中，钟睒睒说：“我们要生产的不仅仅是有形的产品，更是无形的知识。知识的产生速度、人才的集聚速度与产品的创新程度一定是正相关关系。”

他还经常与技术人员交心：“我不会要求科研项目有明确的商业产出目标。如果科研人员一天到晚想着商业、想着市场回报，创新精神就变味了。用创新精神探索、认知未来，这才是我们要做的事情。”

相比那些重营销、轻研发的企业，钟睒睒的傲气不是没理由的。

把农夫山泉卖到 G20

作为老一辈的民营企业家，钟睒睒的心中有着浓厚的家国情怀。他一直认为，在适当的高端社交场合及礼仪环境下，比如总理的谈判桌上，中国领导人和消费者应该有一款高端的玻璃瓶矿泉水。

钟睒睒曾经说："适当的场合下，适当的礼仪环境是需要的。我们在国际会议面前放着什么水？塑料瓶水。达沃斯论坛，人家放的什么水？玻璃瓶水。我们今天放了一瓶塑料瓶水在总理谈判桌前，这是我们这个行业、制造者的耻辱。"

"达沃斯论坛能放玻璃瓶水，我们就不能用塑料瓶！"在他看来，"玻璃瓶水是充满了对文化、文明的承载和对水的理解的产品，代表了中国的制造业水平"。

因此，钟睒睒萌发了研发一款高端矿泉水的想法。

农夫山泉每一款新品的产生都带有钟睒睒鲜明的个人风格。钟睒睒的个人偏好、擅长之处对农夫山泉的每一款产品起着决定性作用。作为辅助，内部研发部门的主要工作是负责提供一些对消费者需求的观察。跟老板聊聊他的某一个想法或梦想，是他们的工作常态。很多时候，农夫山泉的创意往往是钟睒睒"拍脑袋"想出来的。

当钟睒睒把他的想法告诉农夫山泉的研发部门时，很多人都感觉难以置信。在2015年以前，提起高端水，一连串的名单上面有依云、巴黎水、Voss……但唯独没有中国自己的品牌。在当时，高端矿泉水市场是这些外资品牌的天下，本土品牌鲜有胜出者。但钟睒睒决定的事，谁也无法改变。

为了确保这款高端矿泉水的品质，农夫山泉的员工们开始到处寻找水源地，钟睒睒说“不计成本”。

找水源的过程充满了不确定性，那些年里，农夫山泉的团队一直奔波在寻找水源的路上，直到2008年，农夫山泉的水源勘探师方强才在吉林抚松寻找到了顶级水源，即莫涯泉。方强寻水的故事被拍成了纪录片，片中方强裹着厚厚的棉衣在冰天雪地间艰难找寻的画面让人印象深刻。

莫涯泉其实是泉群，由5个泉眼组成，位于长白山北麓，处于露水河国家森林公园内，距离天池主峰约60公里，周边密布长白山针阔混交林带。水源补给主要来自上游长白山生态保护区。资料显示，长白山是中国森林系统健康程度最高的两个地区之一，而莫涯泉位于核心区位。

莫涯泉之所以被称为顶级水源，是因为它是矿泉水中的珍稀品类——低钠淡矿泉，可遇不可求。一般来说，普通矿泉水的钠含量较高，口感咸涩。对于盐分摄入普遍偏高的中国人来说，并不适于长期饮用。而低钠淡矿泉则不同，它满足矿泉水标准，但钠含量很低，其他常量元素含量均衡，因此喝起来清冽甘醇，适宜人体长期饮用。国际上，低钠淡矿泉同样非常稀有，符合这一条件的水通常被用来生产最高端的水，如挪威的岩层天然水 Voss、加拿大的冰川矿泉水 Berg 等。

确定水源地使农夫山泉付出了巨大的成本。钟睒睒意识到，这款高端矿泉水最好能带动农夫山泉的品牌升级，使农夫山泉能更有效地应对竞争局面及转型压力。在他看来，对中国制造来说，相比淘汰低端产业，转型做其他产业，远不如升级现有品牌来得有效和实际。

为此，钟睒睒对产品定位进行了细化。他认为高端水市场的诉求绝不是解决口渴的问题，而应该是消费升级过程中出现的佐餐需求。“20 年前，人们喝包装水，是因为他们口渴。现在，他们用来消除一些酒中的酸涩感。所以哪里有酒，哪里就应该有包装水。”

一款新产品的诞生总要遵循一定的研发及设计周期。不过，这些工作并不是在农夫山泉的生产部门进行的，而是由养生堂旗下的北京万泰生物药业股份有限公司（以下简称“万泰生物”）来完成。不用研发饮料的人做饮料，而是用研发医药、保健品的人来做饮料，这也是农夫山泉保持市场竞争力的重要因素。当农夫山泉内部的研发团队考虑是否采用一个特殊物质时，会把这个问题交由万泰生物的研发人员去完成。比如，为了保证产品不变色变质，饮料品牌通常会选择全包。而农夫山泉旗下东方树叶快速成为中国市场上第一个采用透明塑料瓶的茶饮，正是因为这个产品借用了医疗业保存天然物质的研发积淀。

在研发产品的同时，这款高端矿泉水的瓶身设计也在紧锣密鼓地进行之中，钟睒睒为瓶子的设计付出了更多的时间与精力。

钟睒睒的要求是，为这款高端矿泉水设计一款真正独特的融合了长白山生态环境的包装。不过，这些设计公司做出来的方案总是令他不太满意——有些设计方案太像酒瓶了，很难让中国消费者意识到这是矿泉水；有些印上了凶狠的老虎，让消费者产生距离感；有些做得过于写意，辨识度存在问题，有些设计本身很不错，但色彩搭配又犯了中国人的某些禁忌。

令他满意的方案最早出现在 2012 年 6 月。不过，这个方案设计的瓶口很细，当人的手握住瓶子上半身时，必须考虑到力度的分配，以至于细微调整都有可能出现问题。同时，为了确保水的折射足够清透，瓶子的底部必须很厚。问题是，农夫山泉团队找了几乎所有能找的生产厂家试做，但得到的样品底部总是倾斜而不平整。另外，钟睒睒想让瓶子看起来更干净且没有杂质，这意味着玻璃成分当中不能含铅。

由于受到制瓶和印刷工艺的限制，那个方案很难完全付诸现实，钟睒睒在权衡之下，只能忍痛放弃，再重新寻找合适的设计公司。

几番波折之后，最终设计版本终于出炉——农夫山泉把长白山的“四季”装在外形像水滴一样的玻璃瓶里。这个方案使钟睒睒惊喜不已，因为它让自然元素真正成为瓶子的一部分，让消费者立刻感觉到对长白山大自然的敬畏，仿佛身临其境喝了一口水。

瓶身设计采用了雕刻图案的手法来描绘长白山典型的 4 种动物、3 种植物和 1 种典型的气候特征。每个图案都会配以相关数字和文字说明，每一个数字则指代一个具体的故事。比如，1000 代表在长白山栖息着全球仅存的 1000 只中华秋沙鸭，89 就代表长白山共有 89 种蕨类植物，270 则说明长白山一年的冰雪覆盖期长达 270 天。

这个设计也让农夫山泉拿下了 5 项全球设计大奖，包括被誉为设计界奥斯卡的国际包装设计大奖 Pentawards 铂金奖、第 17 届国际食品与饮料杰出创意奖（FAB Awards）、2015 D&AD 木铅笔奖、2015

年 The Dieline 国际包装设计大奖，以及 2015 年 The Design Week Awards（2015 年设计周奖）。

这款于 2015 年 2 月正式推出的农夫山泉高端矿泉水，曾经多次出现在顶尖规格的国际会议上。

2015 年 11 月，国家宣布 2016 年 G20 会议在杭州召开，钟睒睒认为，农夫山泉作为中国用心做水的企业，代表中国民族文化和气节的产品，应该为峰会和国家做点什么。于是，农夫山泉团队拿着大小两套 8 瓶产品来到国家相关部门，详细介绍了农夫山泉的水源地、品控体系以及外包装设计融入的文化元素，最终获得了这张“入场券”。随后，农夫山泉高端玻璃瓶装水成功地出现在了 G20 峰会上，用来招待来自世界各国的贵宾。

2017 年 5 月 14 日，举世瞩目的“一带一路”国际合作高峰论坛在北京开幕，29 个国家的元首和政府首脑、联合国秘书长等重要国际组织负责人、130 多个国家的代表前来参会。这是继 G20 杭州峰会之后，又一由中国主办的国际顶级峰会，将对世界发展产生巨大且深远的影响。而这次重大会议，再次选择了农夫山泉高端矿泉水作为会议用水。

2017 年 9 月 3 日，由中国贸促会牵头主办的 2017 金砖国家工商论坛在厦门举行。这一次，嘉宾们喝的又是农夫山泉玻璃瓶装矿泉水。

钟睒睒做到了！造型颀长典雅的农夫山泉高端矿泉水，屡屡登上国际舞台，出现在各大国际会议上，为大会的顺利召开提供饮用水保障，同时将中国的高端水和文化展示给世界。

几年前曾经流行这样一个说法，用于鼓励经济发展及升级——从中国制造到中国创造。在钟睒睒看来，所谓的升级，不是要淘汰掉低端产业，转而去做别的产业，而是要将现有的产业做得更高、更细、更好、更新。农夫山泉的高端玻璃瓶水，正是基于这种理念诞生的。钟睒睒用实际行动证明了，中国人也可以打造出一个能走向世界、能与全世界的竞争者相比都不落下风的高端品牌。

对茶饮市场的十年探索

绍兴是中国重要的茶叶生产基地，拥有悠久的产茶历史和浓郁的茶文化。在绍兴诸暨成长起来的钟睒睒，对茶叶也有着特殊情结，他不但喜欢喝茶、品茶，在闲暇之余还会化身茶农，上山采茶、制茶，是一个真正的爱茶、懂茶之人。正因为对茶的热爱，钟睒睒对茶饮市场一直很感兴趣。

然而，在很长一段时间里，茶饮料[1]这一细分市场，却是日本产品的天下，中国产品始终没有争得一席之地。

其实，日本人对茶饮的热爱源于中国，但其消费方式与中国人大不相同。日本有一家名叫伊藤园的饮料公司，于 1981 年推出了罐装乌龙茶，这是有史以来的第一款罐装即饮茶，是一款具有开创性的产品，日本人喝茶的习惯由此发生了巨大的改变。从那之后，日本茶饮料迅猛发展，在市场中所占的份额也屡创新高。根据日本全国清凉饮料工业会的调查数据，到 2015 年，日本茶类饮料总产量约为 55 亿升，这个数值超过了单品冠军——碳酸类饮料的消费量。

---

[1] 这里所说的茶饮料，是仅以茶为原料，无糖、无香料的即饮茶。

与之相比，中国的产茶量虽然是世界第一，但在无糖瓶装茶饮料这一细分领域却被日本品牌远远地甩在了后面。所幸的是，有些企业已经认识到了差距，开始默默发力，誓要在茶饮市场实现超越，农夫山泉就是其中之一。

2011 年 4 月，钟睒睒瞅准市场空白，推出中国第一款无糖茶饮品，并将其命名为“东方树叶”。

在上市初期，“东方树叶”就备受争议。当时，“东方树叶”的市场表现不佳，从口味到价格都是网友吐槽的焦点。2016 年网络盛传的“全国最难喝饮料 TOP5”，“东方树叶”便位列其中，还因此被迫“走红”。

尽管如此，钟睒睒却一直认为，这款产品是有价值的。中国茶饮料市场上除了“东方树叶”，其他的都是添加剂加糖水，并不是天然的茶叶浸出，所以喝惯了非天然茶饮料的消费者根本不能接受“东方树叶”，而那些经常喝茶的消费者却很喜欢，因为前者的口味和心智已经被改变了。钟睒睒就是基于这样的认识，没有撤下这款产品。

“公元 1267 年，蒸青绿茶东渡日本；贞观十五年，红茶经茶马古道传入西域；17 世纪，中国乌龙风行英伦；传统的中国茶，神奇的‘东方树叶’。”钟睒睒希望通过这样的表达方式告诉消费者，“东方树叶”才是真正的茶饮料，而其他品牌则是非天然的茶饮料。

钟睒睒的自信源于“东方树叶”的高品质。

“东方树叶”是国内唯一一款力求还原真正现泡茶风味的即饮茶。从配料表来看，“东方树叶”的配料只有 4 项：水、茶叶、维生素 C、碳酸氢钠。而在营养成分表中，能量、蛋白质、脂肪、碳水化合物、糖和钠均为 0%。这意味着，这是一款真正的无糖茶，不仅不添加任何糖或甜味剂，而且不添加茶粉、不添加香料。与非茶饮料和其他茶饮料相比，在充满了糖分、香料及各种添加剂的饮料市场中，“东方树叶”的“0 卡路里”非常抢眼，而“健康与纯正”也成了“东方树叶”最大的产品主题。由此可以看出，“东方树叶”较其他茶饮料而言，更加营养健康，并且更加接近原茶的味道。

钟睒睒的辛勤耕耘最终获得了丰硕的收获。根据弗若斯特沙利文报告，经过长达十余年的持续培育，到 2019 年，“东方树叶”在无糖茶品类已经成为当之无愧的第一品牌，市场占有率更是无人可匹敌。

在茶饮市场上，钟睒睒经历了漫长的探索，也走了很多弯路。

很多人或许不知道，早在 2005 年，农夫山泉就瞄准了茶饮料市场，并推出了第一款茶饮“农夫汽茶”，这款产品颇具创新性地将碳酸与茶组合在一起。可惜的是，当时的消费者并不认可这样的产品。

2006 年，农夫山泉屡败屡战，再次研发出“农夫茶”低糖茶饮品，但是，这款产品同样折戟沉沙，最终黯淡地退出了市场。

2010 年，农夫山泉再接再厉，又打造了一款新产品——“tot”苏打红茶，第一次将红茶与苏打结合起来。不过，如同之前的产品一样，这款产品在市场上也没有激起任何水花。

2011 年，“东方树叶”上市，农夫山泉终于厚积薄发，靠这款产品颠覆了国人对甜甜的茶饮料的认知。

即饮茶技术有了突破之后，钟睒睒又开始严苛地挑选更好的泡茶原料，并开始自己种茶、制茶。他不急不躁，经过十余年的市场积淀，终于在 2020 年推出了“交子”茶叶，为消费者提供一款高品质的雨前龙井茶。

在中国，目前无糖茶市场体量还不算大，相对于含糖茶饮市场相差一个量级，虽然没有爆发式井喷增项，但持续多年稳步增长。尤其是消费升级大潮下，健康无糖饮品成为消费者追捧的对象。未来可以预见的是，无糖茶市场是一个增量市场，整个市场都嗅到了无糖茶市场的生机。而抢得先机的钟睒睒，早已在这条跑道上遥遥领先。

第六章

敢跟媒体叫板的“杭铁头”

在钟睒睒深感迷茫、无所适从的时候，同为浙商的鲁冠球特意写下15个字勉励他：“要挺住，不要怨，查自己，做得对，从头越！”这15个字的提点，言简意赅，却实实在在地让当时深陷“水源门”事件中的钟睒睒有了坚持到底的勇气。

“水源门”的博弈

在生产链条上，钟睒睒一直坚持一套独创的逻辑：在源头上建水源库，直接从水源地取水。然而，对水源地的过度依赖，也给农夫山泉造成了潜在的风险。

曾几何时，在硝烟弥漫的瓶装水市场上，多家品牌被卷入了“水源门”事件。2008年，康师傅被披露使用自来水灌装，并添加矿物质来加工生产“矿物质水”。当时，农夫山泉与康师傅的“水战”正如火如荼，农夫山泉因此大获全胜。然而，一年后，农夫山泉也遭遇了“水源门”，深陷污染质疑。

“千岛湖的水质属于Ⅳ类。”2009年6月19日，国家环保部下属的中国环境监测总站在其官方网站上公布了最新一期《全国地表水水质月报》（简称《月报》），其中显示，千岛湖的水质属于Ⅳ类。

就是这样一个普通的关于全国地表水日常监测情况的公布，却在饮用水市场引起了一场轩然大波。

按环保部门的分类标准，Ⅳ类地表水主要适用于一般工业用水及人体非直接接触娱乐用水。按照这样的归类，千岛湖湖水只能作为工业用水和娱乐用水，即使作为娱乐用水，也不能和人体接触。

对一直以来都把千岛湖作为主要水源地之一、定位为“大自然的搬运工”的农夫山泉来说，中国环境监测总站公布的《月报》无疑是当头一击。几乎就在《月报》公布的同时，国内许多媒体和消费者提出疑问：“水源被污染了，我们喝的农夫山泉还安全吗？”“农夫山泉搬运的都是被污染的水吗？”

尽管负责公布这项数据的中国环境检测总站水监测室马上做出了解释：这期《月报》是根据 2002 年 4 月 26 日颁布的《地表水环境质量标准》中的指标和数据，在常规的三个断面上取水样分析后得出的结果。千岛湖的主要污染指标是总氮，这个指标超标的话，说明这里的湖水有富营养化趋势，很容易暴发蓝藻和水华等问题，但这个指标并非毒性指标。作为环境监测者，他们只是如实地报告数据。但这一次普通的月报，还是将农夫山泉推到了风口浪尖上，质疑与指责铺天盖地地向钟睒睒袭来。

农夫山泉第一时间发布了一份提供给媒体的公开声明，表示其生产的瓶装饮用水没有问题。钟睒睒本人也站出来做出回应：“中国环境监测总站公布的数据不能说明千岛湖已经被污染，千岛湖水从上游流过来，不同地段差别很大，监测点断面、高度、位置不同，得出的监测结果也不同。农夫山泉在千岛湖水库的取水口位于湖底深处，属于不交换水体，即使表层有污染，也不影响取水。”

2009 年 7 月，农夫山泉还与全国百家媒体共同发起“亲历千岛湖，见证农夫山泉——2009 年寻源千岛湖”活动，邀请全国各地的消费者奔赴千岛湖，进行为期 3 天的寻源之旅。参加活动的消费者进入千岛湖湖区深处，实测千岛湖水质；参观农夫山泉千岛湖工厂，近距离了解一瓶天然饮用水的诞生过程；走进千岛湖镇当地人的生活，感受这方湖水在他们生活中的意义。淳安县环保局也成为千岛湖寻源的一站，在这里，消费者与环保局的工作人员面对面，直观地了解到历年来千岛湖环境保护工作的重点以及未来部署。

虽然在此之前农夫山泉也曾经举办过类似的寻源之旅活动，但此次活动的媒体和公众参与数量、规模，都达到了空前的程度，堪称目前中国饮用水行业最大规模的寻源之旅。

钟睒睒的努力没有白费。在经过了游览、品尝湖水、参观厂房的过程之后，消费者们得出的结论清一色为“冰凉”“甘甜”“清冽”。消费者们的亲身体验，在为农夫山泉正名的同时，也为农夫山泉做了最好的口碑宣传。

在这之后，浙江省环保局发布了对千岛湖的调查报告，称千岛湖湖水适宜饮用。淳安县环保局向《北京科技报》寄发了《关于千岛湖水环境和水资源保护说明的函》，函中称，在国内众多水源之中，千岛湖水质优秀。当地环保部门多年来对千岛湖 12 个断面、18 个测点的定期监测结果显示，千岛湖水环境主要指标始终保持稳定状态，现为国内水质最好的大型湖泊、水库之一。按照湖泊、水库富营养化评价方法，千岛湖的水质综合营养状态指数（TLI）多年均小于 30，是目前国内为数不多的贫营养状态的湖库之一。

浙江省环保局的调查报告从根本上否认了农夫山泉“问题水”的传言，还农夫山泉以“清白”，一直困扰钟睒睒的“水源门”事件终于烟消云散。尽管如此，这一事件还是给农夫山泉的经营带来了负面影响。2009 年 6 月 12 日，钟睒睒接到深圳一家经销商的通知，要求退掉 1 万箱水。

至今仍有很多人不明白，中国环境监测总站对许多江河湖库水质的一次常规月报公布，为什么最终矛盾焦点落在了农夫山泉身上？其实，这与钟睒睒的个性有极大的关系。

企业家们往往会把自己真实的性格适时地掩藏起来，钟睒睒却向来直言不讳，脾气特别犟、特别硬。他不愿意说的，谁也没法逼他说，而他一旦开口，通常都是爆炸性新闻。钟睒睒有些自负，他认定的事就不会妥协，不惧怕说真话得罪人，也不怕因此引发争论。在他的人生字典里，只有“是”与“不是”。

多年来，由于钟睒睒在多个场合就饮用水行业的有关问题提出自己的“另类”观点，由于他总是发出不同声音，农夫山泉早就成了行业中的“另类”，受到同行的排挤。

比如，在 2008 年的中国 · 国际包装饮用水峰会上，钟睒睒表示，希望所有瓶装饮用水都借鉴国际食品法典委员会和美国的法则，清楚地标注水源地。这一观点直指当年饮用水行业的热点——“自来水水源门”事件，当时用自来水净化、过滤制成纯净水，再通过添加食品添加剂制成矿物质水，已是行业中的常态。钟睒睒说，当消费者了解到这一情况后，会产生强烈的反感，因为他们没有意识到自己手中的水是由自来水加工而成的，绝大多数人甚至以为矿物质水就等同于天然矿泉水。标注水源地是为了保护消费者的知情权，还消费者选择的自由。

钟睒睒另一次“唱反调”，则表现在对饮用水的定义上。1998 年实施的国家标准《软饮料的分类》中，瓶装饮用水类的定义是密封于塑料瓶、玻璃瓶或其他容器中不含任何添加剂可直接饮用的水。而 2008 年底实施的国家标准《饮料通则》中，“包装饮用水类”的定义则被修改为“密封于容器中可直接饮用的水”。《饮料通则》的起草单位之一，一直反对在瓶装饮用水中添加添加剂的农夫山泉，在通则起草时对“包装饮用水类”定义中把“不含任何添加剂”的内容删掉表示了不同意见。但最终在讨论中，这一定义以多票赞成、一票反对的结果通过，反对的一票就是农夫山泉。在《饮料通则》实施前，国内已经有很多企业生产加入添加剂、人工矿物质的饮用水，农夫山泉的言行显然给他们带来了不愉快。

在 2009 年 5 月 22 日卫生部卫生监督中心召开的一次矿物质水相关标准研讨会议上，农夫山泉的“另类”表现再掀高潮，得罪了众多同行。

在这次会议上，农夫山泉没有同有关企业“保持一致”，而是反对在瓶装饮用水中添加添加剂。农夫山泉的理由是，按《中华人民共和国食品安全法》的规定，加入添加剂必须说明原因。有的企业在广告中宣传自己生产的矿物质水是营养的、健康的，可在行业内部却承认添加剂与营养无关，而是调味的。如果这样的话，就不应该叫“饮用水”，而应该称之为“饮料”，从而对消费者负责。

农夫山泉的意见起了一定的作用，会议最后认为，在纯净水中出于调节口感目的，添加一定量的添加剂有其工艺上的必要性，在相关规定范围内添加可以保证饮用安全，为防止误导消费者，该类产品的类别名称及营养声称还有待进一步论证和规范。

有知情者透露，在这次会议召开前的 5 月 21 日，行业协会曾召集相关企业参加预备会，不少企业已就相关问题达成一致意见。而且 22 日的正式会议一开始并没有通知一贯以“反对派”面目出现的农夫山泉参加。农夫山泉认为，自己作为相关标准的起草者，应该参加这次会议。在农夫山泉的努力下，加之卫生部门也想多听到一些不同的声音，农夫山泉最终也拿到了邀请函。

后来，钟睒睒感慨地说："这次会议的参加与否，已经体现出了行业的排挤。没想到，这次会议后出现了更多怪事。"先是有媒体在未采访农夫山泉总部的情况下，撰文批评农夫山泉，然后又发生了"水源门"事件。除此之外，农夫山泉相关负责人还数次接到威胁电话。

但钟睒睒无惧无畏，在他看来，维护行业标准比维护农夫山泉的利益更加重要。在这条路上，他将一如既往地不畏艰险，勇敢独行。

迷雾重重的“砒霜门”

对钟睒睒来说，2009 年是一个多事之秋。这一年，农夫山泉接二连三地陷入舆论漩涡之中。“水源门”事件刚刚平息，2009 年冬天，一场迷雾重重的“砒霜门”事件又把钟睒睒推上了风口浪尖。

2009 年 11 月，海南省海口市工商局对当地部分批发市场、商场、农贸市场、超市等销售的各类饮料、食品进行抽样初检。11 月 24 日发布的检验结果显示：农夫山泉广东万绿湖有限公司生产的 6 月 27 日批次 30% 混合果蔬、农夫山泉广东万绿湖有限公司生产的 8 月 16 日批次水溶 C100 西柚汁饮料“总砷超标”，达不到食用标准。海口市工商局的消费警示还表示，上述结果经过了海南省出入境检验检疫局检验和海口市卫生防疫站复检证实。

被指超标的成分“总砷”，是指无机和有机化合物中砷的总量。常说的砒霜中毒，就是急性砷中毒。急性砷中毒的反应包括恶心、呕吐、腹痛和腹泻等。此外，流行病学研究表明，长期接触砷可能引起多种癌症。如果检验报告属实，就意味着农夫山泉有批次饮料“涉毒”。

俗话说，“民以食为天，食以安为先”，食品安全问题是消费者最为关注的。因此，消息一出，农夫山泉深陷“砒霜门”事件的新闻马上遍布了各大门户网站，约 500 家网站对该事件进行了报道，这还不包括一些不知名的小网站、博客和论坛。一时间，对农夫山泉的质疑再次席卷而来。有些消费者甚至开始质疑中国饮料行业的混乱，对饮料食品行业表示失望。有人将该事件同三鹿的“毒奶粉”事件相提并论，认为“名牌都如此，还能相信什么啊”。

突然爆发的“砒霜门”事件让钟睒睒错愕不已，2009 年 11 月 27 日，他紧急召开新闻发布会，就其旗下两款产品被海口市工商局通报不合格一事做出严正声明。他认为，海口市工商局这次检测的发布严重违背了法定程序，给企业造成了巨大损失。按照相关法规，该类通报发布之前，执法部门应该先以正式函件向企业予以核实，确保样品的权威性，企业也可提出复检要求。但海口市工商局并没有这么做。

在声明中，钟睒睒还表示：“农夫果园和水溶 C100 在最近的国家、上海和广东等地组织的产品监督抽查中均为合格。”为了自证清明，在媒体负面报道出来之后，农夫山泉第一时间委托广东省河源市质量计量监督检测所对同批次留样产品进行了检测，结果为合格。而且，农夫山泉派遣客诉部经理前往海南核实情况，并要求复检，同时将同批次留样送至国家级的权威检测部门进行复检。

2009 年 11 月 30 日，钟睒睒又在杭州召开了新闻发布会。在这次发布会上，钟睒睒措辞强硬，直截了当地表达了对海口当地政府执法的不满：“海口市政府执法人员知法犯法。食品安全警示信息仅限于卫生部门发布，工商行政部门在未经核实的情况下，无权发布此信息。”“我们完全有理由怀疑这次事件背后有人推动。”钟睒睒说，农夫山泉的直接和间接经济损失达 10 亿元，要求海口当地政府进行民事赔偿。

钟睒睒的“刚”是值得的。第二天，海口市工商局称，经中国检验检疫科学研究院综合检测中心复检，农夫山泉的两种抽检产品全部合格。同一天，海口市工商局主要领导更换。

2009 年 12 月 2 日，海南省卫生厅认为，海口市工商局在处理此事时存在“程序错误”。该厅疾控处有关人员称，海口市工商局公布初次抽检结果的做法，不符合《流通环节食品安全监督管理办法》所规定的程序。

但钟睒睒并没有因此而罢休，他发表声明要求海口市工商局道歉，继续“硬杠”，声明称：“海口市工商局公开复检结果的同时没有向公众和企业道歉并做出解释是极端不负责任的。”“这虽然是一个正确的结果，但不是一个合法的结果。若农夫山泉在此次‘砒霜门’事件中所受的巨大伤害仍不能推进海口市工商局执法水平提高的话，那么‘砒霜门’事件将不会是一个结束，而只是开始。”

钟睒睒还强硬地表示，要继续走完整个法律程序，并索赔 10 亿元。为了揪出“幕后黑手”，钟睒睒还成立了调查小组，依靠自己的一些渠道和力量去寻找“砒霜门”的真相。

2009 年 12 月 4 日，国家工商总局对“砒霜门”事件进行了回应。“工商总局高度重视此事，已责成海南省工商局立即查清情况和原因，依法保护经营者和消费者合法权益。”国家级权威部门的介入，将“砒霜门”事件的解决又向前推进了一步。

最终，海口市工商局公开表示之前的检测结果有误，农夫山泉“砒霜门”事件属于误报，并向钟睒睒和农夫山泉致歉。

这就是钟睒睒，无论面对的是什么人、什么机构，他都不会轻易妥协。后来，有媒体问及“砒霜门”事件时为什么要选择那样激烈的方式。钟睒睒说，第一天是果园有砒霜，第二天变成农夫山泉含砒霜，这个传播速度，你不这么激烈，就灭顶。

事实上，与这一事件给农夫山泉带来的巨大损失相比，钟睒睒的反应远远算不上激烈。从 2009 年 11 月底开始，广东、广西、河南、山东和云南等地的工商部门对农夫山泉的两款产品发布书面或口头消费警示，要求两款产品暂时下架，提示消费者不要购买。被要求下架的市场包括沃尔玛、好又多、家乐福、世纪联华等国内外知名连锁超市。

“问题饮料”事件发生时，农夫山泉正在全国近 3000 家超市和卖场推广农夫果园和水溶 C100 两款饮料。据农夫山泉公司统计，两款产品的销量比事件发生前平均下降 50%。即使在国内没有推广活动的超市，两款产品的销售也遭受重大损失。从农夫山泉列出的一份从 2009 年 11 月 28 日到 12 月 4 日全国主要市场两款产品销量降幅表上可以看出：大型超市中，这两款饮料的销量合计较上一周下降 52%，便利店中的销量降幅则从 31%到 65%不等。

农夫山泉在一些大城市受到的冲击尤其大。在距离海南省不远的广州市，当地好又多超市中，两款产品的销量分别下降了 73%和 91%，易初莲花超市中的销量下降了 65%和 88%。调查显示，有 57.5%的人认为农夫山泉的饮料不安全，73.7%的人表示不会购买农夫山泉的饮料。

更大的负面影响在于，农夫山泉的品牌形象和品牌美誉度严重受损。在环球网所做的“哪个饮料品牌最值得信任”调查中，对农夫山泉依旧信任的不足 5%，许多人对农夫山泉的信任跌到谷底，农夫山泉成为排名垫底的、最不受信任的品牌之一。即使 2009 年 12 月 1 日农夫山泉饮料复检合格的消息发布后，农夫山泉销售下降、不被信任的情况依然没有完全改观。网上调查显示，2009 年 12 月 6 日仍有 57.7%的消费者表示不会购买农夫山泉产品。

“要知道，现在颠覆一家企业的成本很低，就好比泼出一盆脏水很容易，可把衣服洗干净却不是那么简单。”钟睒睒的愤怒不言而喻。

有意思的是，在一片哗然之中，宗庆后却出人意料地公开声援钟睒睒，向社会媒体表达了自己对检测结果的质疑，并表示愿意帮助农夫山泉渡过难关。果然，英雄总是惺惺相惜，竞争的时候是敌人，但是，你一旦落难，还是会帮你一把的。

“标准门”风波骤起

“诸暨人，再加上‘杭铁头’。”熟悉钟睒睒的人这样评价他。诸暨人脾气火爆，做事直来直去，耿直。所谓“杭铁头”，是指杭州人的性格跟上海人、绍兴人不一样，脾气特别犟、特别硬。而钟睒睒集二者于一身，自然比一般人更要刚硬。这一点，从他与《京华时报》那场大战就可以窥见一斑。

2013 年 3 月 8 日，北京消费者李女士向“21 世纪网”送去一箱未开瓶的农夫山泉 380 毫升装饮用天然水，21 世纪网经查验，发现 24 瓶中有 13 瓶能明显看到瓶中悬浮的黑色不明物。这箱水产地为农夫山泉湖北丹江口有限公司。随后，经济之声《天天 315》称，宁夏消费者王先生亦在 2013 年 3 月 11 日购买的一瓶 550 毫升装农夫山泉瓶中，发现棕红色的漂浮物。据报道，这瓶水是经销商从湖北丹江口的工厂进的货。这些报道给了农夫山泉沉重的打击，农夫山泉也因此陷入了“质量门”事件。

2013 年 4 月 10 日，《京华时报》发表了一篇题为《农夫山泉被指标准不如自来水》的报道，直指农夫山泉水源地有问题，并援引饮用水协会的观点，认为农夫山泉执行的标准不如自来水标准，其使用的地方标准比国家标准宽松，农夫山泉的“质量门”事件随之演变为“标准门”事件。这篇报道给农夫山泉带来致命打击。在老百姓心中，自来水是一个基础标准，如果一种饮用水品牌的标准还不如自来水，给消费者带来的震撼可想而知。

面对这突如其来的风波，钟睒睒马上通过农夫山泉官方微博进行回应：农夫山泉的产品品质远高于现在任何相关的国家、行业和地方标准。农夫山泉还向北京市第二中级人民法院提起诉讼，要求《京华时报》赔偿名誉权损失 6000 万元。

农夫山泉和《京华时报》之间长达一个月的舆论交锋由此拉开帷幕。《京华时报》对整个过程进行了追踪报道：4 月 12 日，中国民族卫生协会健康饮水专业委员会确认，农夫山泉执行的标准确实不如自来水标准；4 月 17 日，消费者因标准问题起诉农夫山泉；4 月 19 日，浙江省卫生厅回应称，浙江地方标准必须与国家标准一致；5 月 2 日，北京市桶装饮用水销售行业协会发出通知，要求北京市桶装饮用水行业各销售企业“即刻”对农夫山泉桶装饮用水做下架处理；5 月 6 日，北京市质监局介入调查，农夫山泉桶装水在北京的水厂因标准问题停产。

在此过程中，《京华时报》发布多篇稿件曝光农夫山泉标准问题，如《协会确认农夫山泉标准不及自来水》《10 位专家联名敦促农夫实行更高标准》《北京桶装水销售协会通知下架农夫山泉桶装水》……另外，《京华时报》还发表评论《标准面前谁也跑不掉》，发表声明谴责农夫山泉打压媒体。在整整一个月的时间里，《京华时报》以 67 个版面、76 篇报道，对农夫山泉进行“讨伐”。

对于这些报道，一向“头铁”的钟睒睒当然不会妥协，他连发 4

次声明，称其产品检测结果全面优于国家自来水标准，“标准门”是有幕后推手蓄意策划。钟睒睒还以“人在做、天在看”为主题，在全国多家报纸上刊登整版广告自证清白，并公布了美国国家测试实验室（National Testing Laboratories Ltd）对农夫山泉全套产品的质量检测报告。

然而，他的回应却遭到了更多的质疑之声：农夫山泉在全国数百家传统媒体及网媒购买广告的行为被认为属于谩骂和不理性，美国实验室的检测报告被认为是过时和不权威的，指责竞争对手被认为是转移视听和推卸责任。

自农夫山泉创立以来，似乎任何一次关于钟睒睒或农夫山泉的报道，都没有 2013 年这一次风波的影响大。

2013 年 5 月 6 日，钟睒睒终于忍无可忍，召开了一场火药味十足的新闻发布会。

在这场发布会上，钟睒睒抬起双手，示意代表着不同的标准，他说，“我希望高标准，我希望所有的标准提高。”钟睒睒从中国饮用水标准体系讲到食品安全法，极力传递农夫山泉执行高标准的信息。然而，这样一场新闻发布会毕竟不是关于食品安全的知识讲座或企业的宣介活动，标准问题很快引发媒体和企业之间的激辩。

讲话开始 40 分钟后，台下一位举着一份报纸、将“停产”两个字对着镜头的《京华时报》记者就用一连串的问题打断了钟睒睒，摄影记者立即围住拍照，场面一度混乱。

钟睒睒与《京华时报》记者唇枪舌剑，你来我往，互不相让，场面异常激烈。

争论的一个焦点是：农夫山泉执行的标准是否低于国家自来水

标准？

农夫山泉瓶身上标注的是浙江省地方饮用天然水标准DB 33/383-2005，该标准在砷、硒、镉等有害物质的限量值上比GB 5749-2006《生活饮用水卫生标准》（即自来水标准）宽松，这成为“农夫山泉标准不及自来水”的主要依据，也是钟睒睒及农夫山泉需要解释的核心问题。

钟睒睒说，按照食品安全法，生产饮料也好，生产饮用水也好，最低标准就是GB 5749-2006，没有一条鱼可以从这个管制线溜过去。如果不符合自来水标准，任何一种水都将是非法生产。

为什么在产品标签上仅标示浙江地方标准而非国家标准？钟睒睒给出的解释是，卫生（安全）标准是强制执行的，无须明示，在产品标签上一般仅标示质量标准，但这并不意味着农夫山泉未执行卫生（安全）标准，而是同时执行浙江省的质量标准和国家卫生（安全）标准，同一指标值出现不同的时候，则从严执行。

争论的另一个焦点是：虽然农夫山泉是从严执行标准，但浙江省天然饮用水标准中部分毒理指标比自来水国家标准宽松也是不争的事实。

对于记者就此提出的疑问，钟睒睒解释，DB 33/383-2005是包装饮用水标准中指标数量最多的，达到57项，多于纯净水和矿泉水国标以及其他地方标准中的指标数量。DB 33/383-2005是目前天然水标准中相对完善、相对要求比较高的标准，而且是行政级别最高的天然饮用水标准。

钟睒睒说，农夫山泉并不以为项目多就是标准高，但是说明了一点，DB 33/383-2005在今天全国范围内仍然不失为一个先进的地方标准，有它的科学性。

既然有国家标准，浙江省地方标准为何没有即行废止？这是《京华时报》反复质疑的另一个问题。钟睒睒也做出了回应，DB 33/383-2005 与《瓶（桶）装饮用水卫生标准》（GB 19298-2003）共同监管水企业的产品质量和卫生标准，而 DB 33/383-2005 作为地方质量标准，相关的上位国家标准正在制定之中，因此不存在“国家标准既出，地方标准废止”的情况。

在标准之外，钟睒睒反复强调自身产品的高品质。钟睒睒说，农夫山泉在丹江口、千岛湖、万绿湖和长白山的四处水源地生产的产品，137 项全套检测报告的结果全面优于国家自来水标准，其中 12 项优于国标 11 到 15 倍，11 项优于国标 50 到 1000 倍。优质水源加先进的工艺流程保证了农夫山泉的产品品质。2011 年到 2012 年，浙江省质监局对农夫山泉水抽查的 13 个批次全部合格，广东省质监部门也表示，近两年对农夫山泉的抽查没有不合格的情况出现。

新闻发布会的最后，钟睒睒站在台上抑制着怒气发表了显得有些悲壮的感言：农夫山泉从 2008 年开始在北京生产桶装水，目前覆盖约 10 万用户，到现在为止没有出过任何质量事故和标准问题。但因为这一事件，为民众生产的桶装水的确已经停下来了，而且不会在北京再开工厂生产。农夫山泉桶装水将从此退出北京市场，“只有对不起北京的 10 万消费者了”。

“这样的环境不可能让一家企业生产，员工们不能以正常的心智在自己的岗位上工作，农夫山泉的尊严比金钱更重要。与其说我生产出不合格的产品来影响北京的消费者、北京市民的健康，不如现在就关闭这家工厂。因为一个产品协会就可以让一家公司的产品下架，一个产品协会的决定就可以让《京华时报》把它登在头版头条，这样的环境，农夫山泉只能退出。”他说，只有国家执法部门才有权决定和执行产品下架，如果一个民间组织就可以决定某一产品下架，食品安全的市场秩序就难以保证。钟睒睒认为，这样的环境下，农夫山泉只能退出，“农夫山泉不会向舆论暴力低头，也不会为自己的尊严失去颜面”。

壮士断腕，只为求一个公道，此时的钟睒睒已是破釜沉舟。恐怕曾在《浙江日报》当过 5 年记者的钟睒睒从未想过，有朝一日会以这么激烈的方式面对曾经的同行们。

抽查合格，重获人心

但风波并未就此平息。新闻发布会后的第二天，《京华时报》继续穷追猛打，在头版刊出钟睒睒在新闻发布会上微微低头、手扶眼镜的照片，用大号标题写着《农夫拒绝弃用低标准》。在此上方，版面头条的内容是，国务院常务会议确定建最严食品安全监管制度。不仅如此，从 2013 年 5 月 7 日开始，《京华时报》又连续 28 天，用 73 个版面，对农夫山泉进行狂轰滥炸。

在钟睒睒深感迷茫、无所适从的时候，同为浙商的鲁冠球特意写下 15 个字勉励他："要挺住，不要怨，查自己，做得对，从头越！"这 15 个字的提点言简意赅，却实实在在地让当时深陷该事件中的钟睒睒有了坚持到底的勇气。

此时，舆论风向也发生了微妙的变化。《京华时报》的不依不饶引起了网民的不满和厌烦，微博里绝大多数议论"标准门"事件的网友开始倾向于支持农夫山泉，并对《京华时报》的报道态度产生怀疑。更有甚者开始怀疑其报道动机，还有人揭露出《京华时报》旗下的"京华小蓝帽"经营桶装水。

面对农夫山泉和《京华时报》之间的激战，各路专家也是各抒已见。

这一场企媒论战，也引发了众多媒体的报道和讨论，每一方都有自己的立场和观点。

2013 年 5 月 8 日，浙江省卫生厅、质监局公布了对农夫山泉的质检结果：浙江省杭州市质监局对农夫山泉在建德、淳安的 6 家工厂进行现场检查,并抽取 4 个生产批次的样品进行检验,结果显示全部合格。而且抽查检验依据包括国标（国家标准）和地标（地方标准），判定原则是“当产品的国家、行业、地方标准中强制性条款和执行的企业标准技术要求不一致时，按其中最严要求进行质量判定”。质监局的工作人员还表示，从 2009 年到 2012 年，浙江省质监局共监督抽查农夫山泉瓶装饮用天然水 19 个批次，合格率 100%；最近三年，杭州市质监局也抽查检验了 38 个批次的农夫山泉瓶装饮用天然水，同样全部合格。

至此，关于农夫山泉“质量门”“标准门”的质疑基本消除，网络舆论几乎完全站到了农夫山泉一边，相信农夫山泉品质的网友已接近九成。

但钟睒睒并没有就此罢休，他下定决心要为农夫山泉讨回一个公道。2013 年 11 月 4 日，钟睒睒派人进京举报《京华时报》，称《京华时报》于 2013 年 4 月 10 日至 5 月 7 日连续发表针对农夫山泉的负面新闻，捏造事实，进行虚假报道，对公司造成严重损害。三日后，农夫山泉向北京市朝阳区人民法院提交撤诉申请，同时朝阳区人民法院也驳回了京华时报社对农夫山泉的诉讼请求。

经过长达一个月的明枪暗箭，农夫山泉与《京华时报》之间的大战终于落下了帷幕。此后，钟睒睒以“人在做、天在看”为主题，在全国 18 家报纸上刊登了整版广告，宣称农夫山泉的水质不仅全面优于国家生活饮用水标准，更全面优于美国食品药品监督管理局（FDA）标准。

这场风波的根源在于标准问题，即浙江省地方标准与国家标准之间的差异。微博中流传的一个段子形象地描述了这次冲突："农夫山泉一直是个成绩优秀的孩子，虽然浙江省的及格线只有 60 分，全国统考及格线只有 50 分，但他每次都考 90 分。后来国家及格线提高到 70 分，浙江的及格线不变。这时北京的一个孩子说，你们浙江的及格线比国家的及格线低很多，你是差生。农夫山泉很生气，断然决定不再去北京上学了。"

当时，国家并未制定天然饮用水标准，只有自来水标准。在钟睒睒看来，农夫山泉执行的虽是浙江省地方标准，但并不能说公司产品标准就低于国标，其实，农夫山泉的内控标准是高于国标的。

实际上，2005 年，浙江省修订并发布的《瓶装饮用天然水标准》，农夫山泉是起草单位之一。钟睒睒此前接受媒体采访时曾说，天然水已经定了一个非常高的标准，经过若干年的努力，浙江省的标准一定会成为行业标准或国家标准。当时的钟睒睒就已谋划占据标准的制高点，期望发布天然水国家标准。但他没有想到，8 年之后，他竟然会因为标准问题而栽了一个大跟头。

风波之后，在农夫山泉的大本营杭州，钟睒睒接受浙江卫视的专访时表示："我们从来不习惯说软话，即使有错也是说的硬话，我们错了，但是软话我们是不习惯说的。"

有业内人士曾透露："在食品饮料圈子，最让人头疼的老板有两个，其中一个就是农夫山泉董事长钟睒睒，因为他总是不按常理出牌。""他上去发言，一开口就把所有人都得罪了。"

“跟那些草根企业家相比，钟睒睒是一个文人。”这样的评价来自原浙江绿城文化传媒集团有限公司总经理周伟成。1997年前后，周伟成曾任浙江卫视广告部主任，接触过形形色色的企业老板。

“当时浙江卫视很有实力，很多企业会来拉关系，但他不会。”在周伟成的印象里，一些草根企业家“讲究排场，去很高档的地方吃饭，看上去跟你打得热热闹闹的”，但钟睒睒不是这种气质，“他一般找你吃饭就点三四个菜，很实际，也不浪费”。周伟成评价：“我们的交情很淡，但很有味道。”

周伟成说，中国企业家公开跟媒体叫板的并不多见，钟睒睒这样做，一是因为个性，二是迫不得已。“如果他坚信自己没有错，为什么要低头？这样的事情放在我身上，我也会这样。”

钟睒睒多年的老朋友、中国美术学院教授张培力也说：“有的企业看起来比较会公关，可能会用比较曲折委婉的办法，跟同行有一种默契。但钟睒睒不会想到比较婉转、巧妙的一些办法，就是有一点儿直来直去。”

这场突然爆发的风波给农夫山泉带来了沉重的打击，经此一役，农夫山泉蛰伏了三年才重返北京。

“标准门”事件后的两年多时间里，钟睒睒淡出了公众视线，直到2015年吉林抚松水源基地的新产品发布会，他才出现。他用自己强大的精神力量走过了农夫山泉最艰难的阶段，浴火重生。

但对那场几乎置农夫山泉于死地的“标准门”事件，钟睒睒一直都没有释怀。事件发生两年后，在接受凤凰财经采访时，他说：“2013年对农夫山泉的伤害是致命的，到现在仍然没有恢复。……我们拥抱竞争，我们欢迎竞争，我们认为竞争会给老百姓带来好处。但是我们希望光明正大地竞争，我们希望（竞争是）摆在桌面上的竞争，我们不希望（竞争是）阴暗的竞争。”

凤凰卫视记者曾问钟睒睒：“我们知道你这一路走来受了很多的委屈，如果可以重新来过，你还会受这么多委屈吗？”钟睒睒答道：“会依然如此。”

第七章

把握时代风口，创疫苗传奇

农夫山泉的成功，让钟睒睒给外界留下了擅长营销和炒作的印象，钟睒睒对此也并不避讳，曾直言，“企业不炒作，就是木乃伊”。但他还有下一句：“有技术创新才能竞争，没有技术的营销只会死得更快。”

“茶叶蛋”和“原子弹”

品牌策略专家李光斗曾经在 CCTV《对话》节目里给了钟睒睒这样一个独特的评价：“钟睒睒是中国企业家中最能‘生孩子’的老板。”

创业多年来，钟睒睒先后推出了龟鳖丸、朵而、成长快乐、清嘴含片、农夫山泉、农夫果园、尖叫、农夫茶、母亲牌牛肉棒等多个品牌，横跨保健品、饮用水饮料、食品等多个领域。尽管如此，钟睒睒仍不满足，2001 年，他又进入了新的战场——生物制药领域。

钟睒睒的一个说法曾经让业界记忆深刻——卖“茶叶蛋”和造“原子弹”。在钟睒睒看来，企业可以分为两种类型：一类是卖“茶叶蛋”的，比如快速消费品企业，这类企业能不能做好，主要看它是不是最早进入，是不是可以做出自己的标准，有没有不可替代性；另一类是造“原子弹”的，比如高科技企业，这类企业能不能做好，主要看它的科技创新程度和它是否处于行业领先位置。龟鳖丸、朵而胶囊、农夫山泉等，都是农夫山泉卖的“茶叶蛋”，但钟睒睒心中还有造“原子弹”的梦想。万泰生物，就是钟睒睒产业蓝图里的“原子弹”。

万泰生物成立于 1991 年，成立之初，是一家由北京市福瑞生物工程公司与日本国长富有限会社共同出资设立的中日合资企业，主营业务是生物诊断试剂与疫苗的研发及生产。后来被港资企业收购，由于经营状况不理想，万泰生物被不断“卖身”，却一直得不到良好的发展，可谓“身世浮沉雨打萍”。

2000 年，钟睒睒将目光投向了生物制药领域，他旗下的养生堂公司与厦门大学合作建立了“厦门大学养生堂生物药物联合实验室”。2001 年 9 月，钟睒睒得知有股东有意转让万泰生物，万泰生物与厦门大学恰好有着深度合作。于是，通过厦门大学牵线搭桥，钟睒睒出资 1710 万元，买下了香港新维持有的万泰生物 95% 的股权，并成为万泰生物的董事长与实控人。

卖水大鳄跨界疫苗领域，似乎是一个非常大胆的选择。虽然万泰生物那时已经拥有了体外诊断试剂和疫苗业务，但在科研和业绩上都平平凡凡，毫无亮点。因此，钟睒睒的这个跨界收购让很多人错愕不已，没人能看懂钟睒睒要下一盘什么样的棋。

钟睒睒曾经说，选择饮用水和疫苗两个行业更多是历史偶然的因素。不过，钟睒睒也寄希望于通过万泰生物的“高技术”来打开未来前景广阔的市场，毕竟饮料只是企业的一部分。但疫苗行业需要的是长期主义，疫苗从研发成功到上市可能需要 10 年之久，并不是所有人都适合这个行业，钟睒睒为了自己的“原子弹”，一头扎向了疫苗行业。

进入疫苗行业后，钟睒睒迅速显示出了和其“卖水”时一样的“狼性”——思路清晰，舍得投入。

在万泰生物发展初期，对疫苗这一领域并不了解的钟睒睒也不知道未来应该怎么走，但有一点他非常确定——人才是至关重要的，有了人才，企业才有发展。

“我跟我手下的人讲，你们去找投资项目，去找科学家，只要天天晚上 12 点以后还亮着灯的，不管是谁，不管是研究什么东西，你闯进去，问他要不要钱，（我们可以）给他钱，这就是我的搞法。”他并不在意所投资的人员是什么出身，也不考究其学历如何，更不吝啬为理想花钱。

这一招很管用，万泰生物的很多试剂项目、生物工程疫苗项目团队的核心成员，都是这么找来的。钟睒睒通过“扫街”，还找到了时常工作到深夜的厦门大学夏宁邵团队，双方共建联合实验室，形成从技术到产品的全面协作关系。

这一次，钟睒睒又“押对了宝”。钟睒睒引来了一个人才，成就了一家企业，带动了一个产业。

深藏18年，自主研发国产HPV疫苗

2003年年底，香港歌坛巨星梅艳芳因宫颈癌引发的肺功能失调不幸病逝，一代歌后就这样香消玉殒，令人惋惜。

因为梅艳芳的去世，作为女性重大疾病之一的宫颈癌，受到社会各界的广泛关注。宫颈癌是女性常见的一种恶性肿瘤，位居疾病死亡率的第四位。全球每年有50万的新发病例，每年因为宫颈癌死亡的人数达26万。中国每年新发的病例数占全球的28%。

无数人的患病经历都证明宫颈癌的可怕，幸运的是，这种病是可以预防的，这就要从宫颈癌的源头——HPV说起了。人体患上宫颈癌是因为感染了HPV病毒，HPV为人乳头瘤病毒，是一种很小的DNA病毒，它有着上百个亚型，这些亚型中有20种致病性比较强。通过注射疫苗来产生抗体，可以有效防止HPV感染引起的宫颈癌。这也是目前主流的、受到充分论证的消灭宫颈癌的主要方法。

然而，全球HPV疫苗市场一直被英国葛兰素史克制药公司和美国默沙东两家企业牢牢把控。

此前，全球已上市的HPV疫苗只有3种，分别是葛兰素史克制药公司生产的针对HPV16、18型的二价疫苗，默沙东制药公司生产

的针对 HPV6、11、16、18 型的四价疫苗和针对 HPV6、11、16、18、31、33、45、52、58 型的九价疫苗。中国食品药品检定研究院统计数据显示，2017 年，我国 HPV 疫苗签发量为 146 万支；2018 年，签发量为 700 万支；2019 年 1—11 月，签发量进一步提高到 870 万支。但按照国内 3.56 亿适龄女性、每人 3 针计算，市场缺口超过 10 亿支，甚至出现一针难求、摇号打针的现象。而进口 HPV 疫苗普遍非常昂贵。全程接种进口九价疫苗的费用在 4000 元左右，进口二价疫苗则在 2000 元左右。高昂的价格，让很大一部分需要接种的中国女性望而却步。

国家传染病诊断试剂与疫苗工程技术研究中心副主任张军曾说过：宫颈癌疫苗接种每推迟 1 年，将有 5.5 万人罹患宫颈癌，3 万人死于宫颈癌。HPV 疫苗对中国女性的重要性不言而喻，但超 2 亿适龄女性长期被关在“幸福”的门外。

直到 2020 年，我国第一个国产 HPV 疫苗——万泰生物的“馨可宁”上市，这才成功打破 10 余年来外资药企的垄断，改写了数以万计中国女性的命运。

国内第一支自主研发的国产 HPV 疫苗的研发过程，可谓呕心沥血。

2002 年，钟睒睒四处寻找疫苗的新突破，功夫不负有心人，不久后，他得到一条非常有价值的消息：葛兰素史克制药公司和默沙东制药公司的 HPV 疫苗已经进入临床三期环节。一番调研后，钟睒睒瞄准了 HPV 疫苗，并决定将 HPV 疫苗作为万泰生物的一个新起点。

HPV 疫苗属于转基因疫苗，需要将 DNA 定向插入载体中，让其充分表达。当时，葛兰素史克制药公司和默沙东制药公司的昆虫细胞和酿酒酵母载体已经非常成熟，并研发出多款转基因疫苗，生产体系也非常完备。如果万泰生物直接使用它们的专利，投产仿制药，就可以节省大量的研发经费和时间，但也需要永久支付接近天文数字的商业授权费。

当时，摆在钟睒睒面前的有两条路。第一条路是选择支付接近天文数字的商业授权费，买下制药巨头们已经成熟的专利技术；第二条路是团队自主研发，摆脱国外巨头的牵制，一旦研制成功，将填补中国在这一方面的空白，但需要投入巨大的时间、资金成本，并且需要面对其他不可估量的风险。

谁都知道，第一条路更好走，但钟睒睒偏要走第二条路。他毅然决然地决定，绕过巨头的专利壁垒，从零开始，自主研发属于中国人自己的 HPV 疫苗。

下定决心后，钟睒睒找到厦门大学夏宁邵团队合作，如赌徒般倾尽心力。

这条路一走就是 5 年，直到 2007 年，万泰生物才迈出了成功的第一步，研发出候选疫苗“馨可宁”。为了拿到临床批件，“馨可宁”又等了 3 年才正式进入临床阶段，不过，这仅仅只是检验疫苗成效的开端。直到 2017 年，“馨可宁”临床试验才正式宣告结束。馨可宁的问世，从研发到试验结束，耗时 15 年之久。

在整个研发过程中，研发团队对近万名 18~45 岁的女性进行了临床试验。其中，“馨可宁”的多中心三期临床试验由中国医学科学院肿瘤医院流行病学研究室的乔友林教授主持，从 2012 年开始，三期临床试验入组人数为 7372 人，来自山西阳城、河南新密、河北丰宁、江苏阜宁、广西柳州等地，样本都是中国人，并且考虑了样本的地域多样性。与普通药物临床试验相比，“馨可宁”三期临床试验的时间跨度长达 5 年，对安全性要求更高，样本量也大得多。

三期临床试验结果显示：在预防癌前病变、预防HPV的持续感染这两个关键效果指标上，“馨可宁”对相应的高度癌前病变的保护率为100%，对HPV持续性感染的保护率为97.8%。这些数据意味着，不论是疫苗的安全性，还是预防效果，万泰生物的“馨可宁”都完全不输于进口疫苗。

2019年的最后一天，国家药品监督管理局正式公布首个国产人乳头瘤病毒疫苗“馨可宁”获批上市的消息。“馨可宁”的研发成功与获批上市，成功地填补了我国HPV疫苗的空白，中国由此成为全球第三个成功研发生产HPV疫苗的国家。

为了这一天的到来，钟睒睒苦等了18年。这一消息的出现，也让万泰生物就此浮现在大众视野，谁也没想到，钟睒睒居然留有这一手。

虽然与英、美等国家的疫苗企业相比，万泰生物起步较晚，但其生产的“馨可宁”刚一投放到市场上，就凭借其极高的性价比和有效的预防优势，成为中国女性接种者的第 选择。在上市后短短两个月的时间里，“馨可宁”就取得了0.76亿的销售佳绩。2020年，“馨可宁”实现签发量246万支，超过葛兰素史克制药公司的69万支，基本实现二价疫苗的国产替代。

农夫山泉的成功，钟睒睒给外界留下了擅长营销和炒作的印象，钟睒睒对此也并不避讳，曾直言，“企业不炒作，就是木乃伊”。但他还有下一句：“有技术创新才能竞争，没有技术的营销只会死得更快。”

在互联网、金融业蓬勃发展的今天，资本的扩张总是向着利益前进。这也解释了当下互联网巨头为什么会放着那些科技上的硬骨头不啃，却在没有什么技术含量的事上和卖菜小摊贩抢生意。全球的资本家都偏好低风险高收益，而基础科研高投入高风险且回报周期长，自然难以受到资本的青睐。这也让一些互联网企业的关注焦点要么放在事关居民日常生活的商业模式上，要么放在开发互联网金融产品上，很少有企业愿意沉下心来攻克一项新技术。

钟睒睒曾说："很多商人第一考虑的是'我要赚多少钱'，我首先考虑的是自己做出来的产品能不能提高一步。"正因如此，在互联网巨头们为"菜篮子"争得头破血流之时，钟睒睒却选择苦熬 18 年，承担巨大的投入风险，转战科技研发，最终填补了中国 HPV 疫苗的空白。

首创戊型肝炎疫苗

戊型肝炎（简称“戊肝”）是五种病毒性肝炎之一，是主要经消化道传播的一种急性传染病，其症状与甲型肝炎相似，但病死率更高，尤其对孕妇、老年人和慢性肝病患者危害更大。受污染的水源、猪肉、海鲜等都能传播戊肝病毒。戊型肝炎是当前在全球蔓延的急性病毒性肝炎，全球每年戊肝病毒感染者约 2000 万例，导致 300 多万例急性肝炎和 7 万例死亡。但在 2012 年之前，全球并没有针对戊型肝炎感染的有效治疗手段。

2012 年 10 月，万泰生物与厦门大学国家传染病诊断试剂与疫苗工程技术研究中心联合研制的戊肝疫苗“益可宁”在国内获批上市。这也是全球第一支戊肝疫苗。我国科学家对戊型肝炎疫苗的成功研制被国际医药领域科学界和产业界誉为“全世界戊型肝炎防控领域的一个重大突破”。

为了研发“益可宁”，钟睒睒和厦门大学的夏宁邵团队付出了 10 多年的努力与心血。

研制疫苗的关键点——免疫优势表位是一个需要突破的难题。研发团队成员之一、厦门大学公共卫生学院副院长张军教授说：“在我们之前，表达纯化出高活性的 pORF2 蛋白一直处于缺失状态，在国际医药界的传统认知中，疫苗研制不可以使用原核系统，事实上，原核表达方法较真核表达方法更具优势，经过努力，我们成功利用了大肠杆菌原核表达平台表达出活性相对较好的 pORF2 蛋白并获得了大量的单克隆抗体，确定了戊肝疫苗的核心成分。”随后，研究团队开始了曲折而漫长的产业转化和临床试验之路。

2003 年，研究团队生产的一批用于报批的候选疫苗在做动物评价时被证实无效。这让研发团队倍感压力。“在当时的环境下，国内外没有戊肝疫苗成功上市的先例，我们团队承担着国际首创疫苗的研制任务，承担着非常大的压力，我们花了近一年的时间去寻找疫苗失效的原因。后来发现是疫苗原液中抗原纯度过高而没有形成良好的抗原颗粒聚集造成的。”张军说。

找到原因后，研究工作才得以继续推进。2004 年，戊肝疫苗获得国家药监局颁发的一期、二期临床试验批件。到 2009 年，研究团队成功完成了为期 2 年、有 11.3 万名志愿者参与的第三期临床试验，这也是当时世界上规模最大的临床试验。2010 年 8 月，国际顶尖医学期刊《柳叶刀》发表了戊肝疫苗三期临床试验的结果，在健康人群中戊肝疫苗的保护性达到 100%，充分证明了戊肝疫苗的安全性和有效性。[1]

“益可宁”不仅具有全球首创性，还打破国际医药界的传统认知，为世界创新疫苗研制开辟了一条新途径。厦门大学国家传染病诊断试

[1] 袁于飞、李宇佳：《全球第一支戊肝疫苗诞生在中国》，《光明日报》2019 年 6 月 20 日。

剂与疫苗工程技术研究中心采用大肠杆菌作为表达系统，独创与酵母、昆虫细胞、哺乳动物细胞并行的第四基因工程疫苗研发路径，投入近5亿元，为中国生物制药打破国际垄断搭建起独立自主的原始创新平台。

自2012年以来，万泰生物一直致力推动戊肝疫苗走向世界。2016年9月，研发团队向美国食品药品监督管理局提交新药临床试验申请。2017年，美方派3位专家到厦门，按照美国标准检查疫苗生产和质量控制体系。2019年，"益可宁"获美国食品药品监督管理局批准，在美国开展临床试验。这是美国食品药品监督管理局第一次对中国疫苗进入美国进行临床试验"开绿灯"，充分证明国产疫苗的质量获得了国际认可。

戊肝疫苗在中国成功上市后，也受到世界卫生组织、盖茨基金会、克林顿基金会等多个国际组织的关注，这也推动了戊肝疫苗的相关国际认证和注册。2017年、2018年，戊肝疫苗先后通过泰国、巴基斯坦的药品生产质量管理规范认证。2020年，戊肝疫苗"益可宁"在巴基斯坦获批上市。

这一切，离不开钟睒睒的支持与投入。在技术研发与创新上，他向来不吝啬钱财，2017年至2019年，万泰生物分别向厦门大学支付研发费用2700万元、1300万元、1200万元。除此之外，厦门大学还能从万泰生物拿到1%的销售提成。

钟睒睒对万泰生物的希冀在于"高技术"，他希望技术创新成为企业的增长引擎，用技术打响自主研发的品牌。"益可宁"的诞生证明万泰生物没有辜负他的期望。

押注鼻喷新冠疫苗

2020年初，一场突如其来的新冠肺炎疫情汹涌而至。北京时间2020年1月31日凌晨，世界卫生组织宣布将新冠肺炎疫情列为“国际关注的突发公共卫生事件”（PHEIC）。无情肆虐的疫情，给人们的生命健康造成严重危害，使无数人陷入恐惧与不安之中。

自新冠肺炎疫情暴发以来，防治工作的方方面面牵动着所有人的心弦，临床确诊困难一直是一线防疫工作者十分头疼的问题。疫情就是命令，经过夜以继日的研发，终于，在2020年2月14日，万泰生物联合厦门大学国家传染病诊断试剂与疫苗工程技术研究中心、深圳市第三人民医院推出了新型冠状病毒（2019-nCoV）抗体检测试剂盒，为新冠肺炎临床防治提供了全新、可靠的免疫学“武器”。

2020年3月6日，在科技部、国家药监局、北京市科委、福建省科技厅、厦门市科技局和盖茨基金会等单位，以及厦门大学“双一流”专项支持下，万泰生物的新型冠状病毒抗体检测试剂盒通过国家药监局应急审批，正式在国内上市。万泰生物的这一产品，是国内外第一个获批的双抗原夹心法总抗体检测试剂。

在这场疫情中，万泰生物利用自己的专长，快速反应，稳扎稳打，不断提高研发速度，成为国内第一批做新冠病毒体外诊断试剂的企业，为疫情防控提供了有力支撑，也为打赢这场新冠肺炎疫情防控阻击战做出了巨大的贡献。

毫无生物医药行业的从业经验，钟睒睒却带领万泰生物成功押注戊型肝炎疫苗、HPV 疫苗、新冠病毒诊断试剂。钟睒睒的下一个目标，锚定了鼻喷新冠疫苗。

2021 年 1 月 14 日，万泰生物发布公告：以 5400 万元购买位于北京的工业用地及其厂房，用于鼻喷新冠疫苗生产线建设，建设期为 1 年。经初步测算，鼻喷新冠疫苗生产线项目总投资 4.69 亿元，这仅包含建设费用和铺底流动资金，研发费用暂未计入。如计入生产成本，上市前的鼻喷新冠疫苗支出或超 5 亿元。2020 年上半年，万泰生物货币资金为 6.61 亿元。对比之下，鼻喷新冠疫苗成了万泰生物的一场“豪赌”。赢了，不仅业绩增长，市值也会再创新高；输了，不仅资金压力陡增，管线布局也会重构。

身处变幻莫测的商海和翻云覆雨的资本市场，钟睒睒深知，没有十拿九稳的生意，即便这次“赌注”巨大，他仍然义无反顾。

在这场与病毒和时间的“赛跑”中，钟睒睒带领着万泰生物竭尽全力地向前奔跑。如今，他们与厦门大学国家传染病诊断试剂与疫苗工程技术研究中心的科研团队、香港大学合作研制的鼻喷新冠疫苗已经被纳入全国五条攻关技术路线，这也是全球首个鼻喷流感病毒载体新冠肺炎疫苗。

鼻喷新冠疫苗具有快速起效、持久保护、广谱抗变异、接种方便、安全性好等特点，能为消费者提供更多样、更安全的选择。现在，这款疫苗正在海外开展第三期临床试验。第三期临床试验是上市前的最后一期临床试验，这也就意味着这款疫苗的上市销售指日可待。

疫情如海啸般席卷全球，将人们笼罩进昏暗的阴霾，但有许许多多逆流而上的人，人类终将渡过这场难关。

第八章

高光上市，善用资本力量

从到海南闯荡算起，钟睒睒已创业30年，他在行业里自成一派。光鲜的背后，他也忍受着常人难以想象的委屈，遭遇过许多人未曾遭遇过的艰辛。钟睒睒说：“创业以来，我走了非常多的弯路，几乎可以用九死一生来形容。因为你要走一条人家没有走过的路，你不可能不受委屈。我从创业的第一天开始就吃亏到现在，因为总有知识不能达到的地方，总有缺陷。”

“上市只是新的开始”

企业是否应该公开上市，对于很多企业家来说，是一个艰难的选择。风起云涌的资本市场，在一夜之间就能造就亿万富翁，也可以为企业突破资金限制提供更多机遇，正因如此，上市成为无数企业家孜孜以求的目标。然而，随着企业融资规模的不断扩大，企业家的股权会被逐渐稀释，这导致企业家有可能失去对企业的控制权。

对于钟睒睒来说，上市与否，同样是个两难的抉择。

2017 年 6 月，钟睒睒曾公开表示，资本市场讲究需求与被需求，但农夫山泉当时没需求，因此不需要上市：“农夫山泉迟迟不上市，主要是因为从公司管理角度来说，上市之后，财务和报表必须公开，对于一个现金流充裕的企业来说，上市融资需要公开自己的财务数据，把自己曝光在社会监督之下，对于企业家来说，如果企业不缺钱，企业家不急于变现或扩大市场投入获得资本的助力，那么，就根本不需要上市。”

直到 2019 年 1 月，当坊间传闻农夫山泉正在寻求上市时，农夫山泉还否认了这一点，称公司没有上市计划，且不需要借助资本市场的力量。

虽然一直没有上市，但是农夫山泉一直在接受上市辅导。2008 年 3 月 20 日，农夫山泉就与中信证券签署了《农夫山泉股份有限公司与中信证券股份有限公司首次公开发行股票合作框架协议》，并于 2008 年 5 月 22 日签署了《农夫山泉股份有限公司与中信证券股份有限公司首次公开发行股票辅导工作协议》。到 2018 年，农夫山泉已经进行了 27 次上市辅导。但 2018 年 12 月，农夫山泉终止了与中信证券的合作协议，彻底掐灭了农夫山泉上市的消息。

可见，钟睒睒不上市的决心一度很坚决。

到了 2019 年底，农夫山泉上市的消息被改写。2019 年 11 月，农夫山泉被曝计划在中国香港进行 10 亿美元规模的 IPO（首次公开募股）。

到了 2020 年，钟睒睒更是一改初衷，一口气推动旗下的两家公司上市。

2020 年 4 月 29 日，北京万泰生物药业股份有限公司在上交所上市，发行 4360 万股，发行价为 8.75 元，募资约 3.815 亿元。发行后，万泰生物总股本约为 4.34 亿股。上市后，万泰生物股价大幅上涨，连收二十几个涨停板才开板。

在万泰生物上市后的第二天，农夫山泉也公开了招股说明书，这不仅坐实了农夫山泉在港 IPO 的传闻，也意味着其上市来到临门一脚阶段。2020 年 7 月 31 日，证监会发布信息称，核准农夫山泉发行不超过 13.8 亿股境外上市外资股，每股面值人民币 0.1 元，全部为普通股。

完成本次发行后，农夫山泉可到香港交易所主板上市。

在经历过几轮资本市场的追捧之后，农夫山泉于 2020 年 9 月 8 日在港交所上市，发行价为 21.5 港元 / 股，募资约 81.5 亿港元。

因为农夫山泉的上市，人们才第一次知道，农夫山泉竟然这么赚钱。

农夫山泉的招股书显示，其整体毛利率达 55%，远超康师傅、统一等同类产品 30% 左右的毛利率，也超过了海天味业、伊利等食品饮料行业的龙头。因此，农夫山泉被投资者称为“水中茅台”“中国版可口可乐”，备受投资人的追捧。

确定 IPO 以来，农夫山泉受到众多投资者的热捧，包括富达国际、美国对冲基金 Coatue、新加坡政府投资公司（GIC）、中国国有企业结构调整基金、中信旗下诚通中信农业基金、日资基金公司 ORIX Asia 等大型投资基金或对冲基金。还有媒体报道称，高瓴资本曾主动找到农夫山泉，要求做基石投资者，最后却被拒绝。这对于向来备受 IPO 公司欢迎的高瓴资本来说，是不常见的。

农夫山泉也不负众望，港股上市首日就高开，报 39.8 港元 / 股，涨幅为 85.12%，总市值达 4452.92 亿港元，相当于 2.5 个蒙牛、1.5 个伊利、近 5 个康师傅。

从商 30 载，一贯低调、隐藏在财富圈隐秘地带的钟睒睒，从来没有像 2020 年这样频频受到外界关注。一时间，关于钟睒睒的新闻铺天盖地地出现在各类媒体上，无数人为了他去百度“睒”的读法。

不过，被迫走到聚光灯下的钟睒睒却平静如初，一如既往地保持着低调。即使是在 2020 年 9 月 8 日农夫山泉上市当天，钟睒睒也没有到港交所现场去敲钟，只是进行了简单的线上敲钟，并且根据港交所的要求，录了一段视频，淡淡地说了下面一段话：

> “今天是农夫山泉在中国香港上市的日子，我谨代表农夫山泉全体同仁，感谢长期以来为农夫山泉做出帮助的各界领导和所有消费者，感谢投资人对我们的价值认可，感谢中国证监会、中国香港证监会、中国香港交易所以及各个中介机构，对上市过程的支持和帮助。上市只是一个新的开始，农夫山泉全体员工将以更加饱满的热情努力工作，回馈投资人，回馈消费者对农夫山泉的厚爱。”

钟睒睒是这样说的，也是这样做的。上市当天，农夫山泉没有搞上市仪式，没有请领导、媒体、经销商、客户举行庆祝活动，而且农夫山泉的官网、公众号、微博等平台也没有发布任何关于上市的信息。农夫山泉的总部一如既往的平静，钟睒睒和他的员工依旧忙碌着，和其他日子几乎没有什么差别。

媒体采访不到钟睒睒，只能去采访农夫山泉的员工，有员工这样说：“我们老板（钟睒睒）一直这么低调。”事实上，从钟睒睒个人到农夫山泉公司一直保持着低调内敛的对外形象，甚至在对内工作环境和员工文化里，钟睒睒也宣扬低调朴实。杭州西湖区葛衙庄 181 号，是农夫山泉公司的总部所在地。但是在这里你会发现，这家公司的大门上没有任何公司 LOGO，即便在公司内部，也很难找到公司相关文字标签。

对于任何人来说，要从生而平凡到不凡，很难；而要从生而不凡到甘愿平凡，更难。但钟睒睒做到了。

互联网时代的实体产业首富

万泰生物和农夫山泉在资本市场表现惊艳，收获最多的自然是钟睒睒。

2020 年 9 月 8 日，随着农夫山泉的上市以及股价的狂飙，钟睒睒的身价一路上涨，钟睒睒出人意料地晋升中国首富，打破了多年来阿里巴巴创始人马云和腾讯创始人马化腾“二马”垄断国内首富的格局。虽然因为当天 A 股三大指数集体高开低走，到午盘收盘均收跌，钟睒睒的首富只当了半小时，但对钟睒睒的首富之路来说，这只是一个序曲。

从那之后，钟睒睒几度冲顶中国首富。2021 年 1 月 1 日，新年伊始，关于钟睒睒的一条消息冲入热搜：据彭博亿万富翁指数，农夫山泉董事长钟睒睒以 778 亿美元（约合 5073 亿元人民币）超越印度信实工业集团董事长穆克什・安巴尼，成为最新的亚洲首富，在全球富豪榜上位列股神沃伦・巴菲特之后，排名第 8 位。

2021 年 1 月 4 日，开年后的第一个交易日，农夫山泉开演大涨好戏，盘中触及最高点 59.8 港元 / 股，总市值达 6727.5 亿港元，钟睒睒身家随之涨至 851 亿美元，与沃伦・巴菲特的 875 亿美元仅 24 亿美元之差。1 月 5 日，农夫山泉股价继续上扬，收盘上涨 6.52%，总市值超 7300

亿港元。福布斯实时富豪榜显示，钟睒睒个人财富已高达 917 亿美元，强势超过沃伦·巴菲特，跻身全球富豪榜第 6 位，直追排名第 5 位的扎克伯格。

30 多年来，中国首富一直在不停地变换，从来不是固定的，背后反映的则是中国经济发展的状态以及各行各业的变化。随着经济的高速发展，我国在各个领域都有了巨大的突破，但是最赚钱的，还是房地产行业和互联网行业。近些年的中国首富也大都是马云、马化腾这样的互联网行业大佬，实体行业的大佬几乎沾不上边。而钟睒睒成为首富，让我们看到了一个迹象，那就是实体经济再次崛起了，富豪榜不再是互联网经济独步天下了。

作为互联网时代的实体产业首富，钟睒睒对互联网的看法一直与众不同。

在一次采访中，当记者问他当前我国经济应该往哪个方向转型时，他直言："在我们国家，是不可能转型的，升级倒是很有必要。我们不是小国家，我们是 13 亿人口的大国。大国不像小国一样可以转型，所以不要听那些转型、转型、转型的声音，尤其我要谈到的互联网，它已经让中国经济迷失方向了。"

在他看来，"互联网只是相当于当年蒸汽机、电话这样的一个通信工具，它不代表生产力，也不代表价值。它的价值在利用它的人。利用互联网是不是必要？我认为是必要的，也是有需求的，因为互联网本身就带来了这个。互联网来自美国，可是美国却没有那么多小的、专门做互联网的公司，原因就在于其有着非常严格的商业规范，不让卖假货、不让乱来，人们买到假货就会去打官司，卖假货的人就得付出一百倍的赔偿，甚至倾家荡产，信用也会被记在黑名单上。咱们国人就息事宁人了，因为你买到十块钱的假货，你不会去说，不会去打官司，因为你觉得自己的时间比这个更重要。”

“互联网是一种工具，不是我们经济发展的全部，我们太把它当回事了。现在，很多地方把互联网当成灵丹妙药，在某些人眼中代表未来的产业只有互联网了，其他的制造业、工业、服务业都不重要了，这明显是过度了。地方应该为各个产业的发展提供公平的环境，只有这样才能营造百花齐放的产业环境，不能因为互联网火就扎堆上，这显然是不符合经济发展逻辑的。”

在谈到制造业的互联网焦虑时，他也非常犀利地亮出了自己的观点：

“其实制造业之所以有‘互联网焦虑’，从某种程度上来说，是被互联网公司给忽悠了，忽悠到自己迷失了方向。它们忘记自己应该去研究自己的产业方向，自己的创新、升级是什么。所谓的‘互联网转型’完全是个伪命题。高铁不是我们发明的，但是我们现在是‘高铁第一国’，这是转型还是升级的结果？其实高铁不就是原来绿皮车的升级，新能源不就是原来汽油车的升级？我们的哪一项成果是转型换来的？哪一项是转型成功的？真理往往掌握在少数人手上，这才是焦虑的根源。过度的东西就变成坏东西了，任何东西不能搞过度……我们的政府不能变成某一个产业的政府。政府要主持公平，为所有产品提供好环境。”

这番话说得可谓发自肺腑、言辞恳求，钟睒睒对实体经济的关切与热爱尽在其中。

其实，这不是钟睒睒第一次为集体沉默的实体企业发声。

早在2016年7月，钟睒睒在中国化妆品大会上所做的主题演讲《找回传统企业的品牌自信》中，就直言不讳地指出，传统企业应该自信，并不断升级。

> 传统企业的力量在哪里？传统企业具有高度的习惯性，是依赖于人类本身长期形成的生活习俗而存在的企业。传统企业的力量，就是过去10年、20年甚至更长时间积累下来的各类知识、工艺、流程、表达、制造和价值观，这就是传统企业的力量。
>
> 农夫山泉是一个传统企业，到今年正好20周年。我们进入这个行业以后，发现这里面全是世界级的老大，所以我们用120%的精力投入了20年，现在做到了中国的第一、世界的第三。我们相信时间给了我们学习的空间，这个20年，不但让我们懂得了水，而且让我们懂得了水中蕴藏着远远超过人类智慧所能够了解的奥秘。这就是传统企业的力量所在，时间就是传统企业的力量。
>
> ……
>
> 传统企业需要什么？我们需要升级、升级、再升级……把中国的产品升级到世界水平。我们只有一条路可走，因为我们无路可走。

2017年6月13日下午，钟睒睒在中国传媒大学发表公开演讲时，又为传统实体企业遭受的不公叫屈，并喊话马云，只要环境公平，20年后传统实体企业不会没饭吃，大数据和人工智能不是神话。

> 传统实体企业承担着90%以上的就业，传统实体企业是95%以上的低学历、低收入人群的生活来源，传统实体企业是这个国家稳定的保障。但传统实体企业是一类长期被冷落的企业，传统实体企业正在面临各种各样的困境。
>
> 传统实体企业大多规模小、税赋重，是社会最底端的企业。中国目前的市场环境，传统实体企业在弱肉强食的市场竞争中一直得不到公平公正地对待，长期受到金融企业、房地产企业、互联网电商企业的无情挤压。传统实体企业与高新技术互联网企业长期处于不公平的竞争环境之中。在社会舆论环境中，传统实体企业像沉默的羔羊。
>
> 尤其在支持电商的环境中，用5000家、1万家，甚至5万家传统实体企业的亏损、薄利和微利维持着互联网电商企业的垄断利润。这显然是不公正的生态。

钟睒睒认为，政府支持企业的标准，应该从GDP的高低转向就业人数的多少，因为就业是第一民生。他还呼吁："没有传统实体企业就没有人类进步的基础，现在到了重新正视传统实体企业价值的时候了。"

低调的钟睒睒很少公开露面，但为数不多的几次演讲，几乎都在为传统实体企业"站台"。

为了维护传统实体企业的利益，钟睒睒也不惜露出自己凶猛、好斗的一面。

互联网大佬马云曾公开“宣判”：以前的20年，我们把人变成了机器，未来20年，我们会把机器变成人。机器会越来越聪明，机器会越来越自我学习，这对传统制造业的打击是非常大的，传统制造业需要早做准备。马云的这番话让很多做传统实体企业的人如坐针毡。

钟睒睒却霸气回应：“我认为，20年以后生活水平会提高，知识会爆炸，但是说传统实体企业没有饭吃，不可能，我们就是煮茶叶蛋、揉揉面，每家都有祖传。（比如揉面，）我的揉法和你不一样，我照样有饭吃。”

有互联网大咖曾经预测，大数据和人工智能将彻底改变传统制造业，未来不再是从上而下生产，而是从下而上的定制。钟睒睒马上站出来反驳：“我特别反感‘定制’这两个字，定制可以说代表着无知。他根本不了解工业化的过程，定制意味着成本，只有无知的人才会讲‘定制’。”

他还提醒传统实体企业，人工智能和大数据并不是互联网企业的专利。因为大数据并不能直接创造生产价值，还是要靠人的创造力和发明。传统实体企业应该有自己的生存之道，把大数据和人工智能作为加速自己知识进程的一种工具，加强自己的知识力量，在各自的领域中，发掘人所未知的、属于自己的独一无二的新知识，让知识变得有竞争力。“传统企业要学会发出自己的声音，不能老让互联网的大咖左右舆论的方向，你的品牌就是你的声音，你的历史就是你最好的故事。”

农夫山泉的崛起、实体产业首富的出现，让我们看到了一个不一样的现实——不只互联网能创造财富神话，实体产业也能获得丰厚的回报，也能诞生中国首富。这也让我们对实体经济有了一些新的期待，我们有理由相信，未来，会有一批实体企业如新星般冉冉升起，会有另一个甚至另一些像钟睒睒一样的实体产业首富诞生。

急流勇退，取舍无悔

问鼎亚洲首富后，很多人都期待钟睒睒创造出更多奇迹，但就在他人生的高光时刻，钟睒睒做出了一个令世人震惊的决定：急流勇退。

2021 年 1 月 13 日晚上，万泰生物发布了一则极其简单的公告：

“近日收到公司董事长钟睒睒先生递交的辞职报告，钟睒睒先生因个人原因辞去公司董事、董事长职务，同时一并辞去公司董事会战略委员会召集人、董事会提名委员会召集人职务，钟睒睒先生辞职后将不再担任公司任何职务。”

钟睒睒毫无征兆的卸任，让外界一片错愕。受这个消息影响，2021 年 1 月 14 日，万泰生物的股价开盘即下跌，大跌 9.66%，收盘报 260 元，市值 1127 亿元，缩水超 120 亿元。1 月 15 日继续下跌，跌幅 5.37%。据统计，万泰生物股价连续两日下跌后，公司市值缩水至 1066.83 亿元，共计蒸发 181.07 亿元。钟睒睒旗下的另外一家公司农夫山泉，同样受到了影响。短短两天之内，农夫山泉市值蒸发共计 297 亿港元（约合 248.12 亿元）。

因为一封简单的辞职信，经过两天时间的发酵，万泰生物和农夫山泉直接蒸发掉约 429 亿元市值。

几乎所有人都想不明白，厮杀半生，终于走到人生巅峰的他，为什么会选择隐退。钟睒睒从未在任何场合披露过自己辞职的原因，但可以肯定的是，钟睒睒对所谓的首富头衔并不在意。从到海南闯荡算起，钟睒睒已创业 30 年，他在行业里自成一派。光鲜的背后，他也忍受着常人难以想象的委屈，遭遇过许多人未曾遭遇过的艰辛。钟睒睒说："创业以来，我走了非常多的弯路，几乎可以用九死一生来形容。因为你要走一条人家没有走过的路，你不可能不受委屈。我从创业的第一天开始就吃亏到现在，因为总有知识不能达到的地方，总有缺陷。"对经历过人生起起落落的他来说，财富、荣誉不过是过眼云烟。

有业内专家猜测，钟睒睒卸任，是为了大胆放权。据万泰生物公告披露，经万泰生物选举，邱子欣取代钟睒睒，担任钟睒睒辞去的董事长等全部职务，任期与这一届董事会一致。资料显示，邱子欣是万泰生物的发起人之一，1984 年毕业于厦门大学化学系，后任教于南京化工学院。自 1997 年起，邱子欣任万泰生物总经理，一直参与牵头主持万泰生物与厦门大学联合研发的核心重磅项目。邱子欣持有万泰生物 4.38% 的股份，仅次于养生堂有限公司和钟睒睒。钟睒睒不受名利束缚，辞去管理层所有职务，将万泰生物交由专业人士操盘，不但是个人的明智之举，更会给万泰生物带来巨大进步。

不过，即使钟睒睒在身家财富达到高值后卸任万泰生物重要职位，他也依然是万泰生物的实际控制人。

商业本就是风云变幻的。不管是落魄时的破釜沉舟、成功时的高歌猛进，还是鼎盛时的急流勇退，钟睒睒留下的江湖故事，都会成为商业史上的一个传奇。

进军私募，再拓资本版图

急流勇退，不代表从此退出江湖。2021 年 9 月，中国证券投资基金业协会网站上的一条公告，又把钟睒睒推到人们的视线中。

公告显示，2021 年 9 月 16 日，关子私募基金管理（杭州）有限公司（简称“关子私募基金”）在协会完成备案登记，机构类型是私募股权、创业投资基金管理人。备案信息显示，这家私募公司由养生堂有限公司全资控股，实控人是钟睒睒。

在此之前，钟睒睒控制的资本版图已经横跨食品、饮用水、生物医药、保健品、农产品等多个领域。此番进军私募，说明钟睒睒已经开启了新一轮投资布局，其资本扩张的勃勃雄心也得到淋漓尽致的体现。

钟睒睒亲自挂帅，担任关子私募基金董事长。在这一领域，钟睒睒虽然是一名新人，旗下却有几名投资大将。比如担任关子私募总经理的陈镔，有 20 多年金融从业经验，曾在南方证券、中金公司等机构任职。2021 年 3 月，陈镔转投钟睒睒麾下，出任养生堂有限公司股权投资部总经理，颇得钟睒睒的青睐。关子私募基金成立后，陈镔被任命为法定代表人、总经理。再比如，关子私募基金的合规风控负责人施进，是资深金融人士，曾在中粮信托、中信农业产业基金等工作，有多年法务工作经验。

多名金融大将的加盟，使钟睒睒如虎添翼。关子私募基金的动作非常迅速，成立不到半年，就已经开始对外投资业务。天眼查信息显示，2021 年 4 月 8 日，关子私募基金投资设立关子管理咨询（丽水）合伙企业（有限合伙），注册资本 1000 万元，钟睒睒持有该合伙企业 90% 的份额，关子私募基金持有 10% 的份额。

互联网科技巨头投身 PE/VC 等私募领域的现象非常普遍，比如雷军旗下有小米基金、顺为资本和小米长江产业基金三家私募股权基金，马云参股了云锋基金，联想旗下也拥有君联资本和弘毅投资。

实体企业进军私募圈，也算不上新鲜事。比如，绝味食品与洽洽食品就共同设立了四川成都新津肆壹伍股权投资基金合伙企业（有限合伙），在泛食品饮料行业领域寻找投资机会。娃哈哈创始人宗庆后于 2021 年 7 月 12 日取得基金从业资格证书，并在中国证券投资基金业协会备案私募基金管理人，担任浙江娃哈哈创业投资有限公司法定代表人和总经理。2022 年 4 月 26 日，丽水娃哈哈私募基金合伙企业（有限合伙）成立，注册资本 5 亿元。钟睒睒与宗庆后在实业战场交锋多年，又前后脚进入私募领域，未来，他们是否会在资本市场相遇，并碰撞出一场好戏？一切都是未知数。

可以肯定的是，对钟睒睒而言，新一轮资本版图已经徐徐拉开了帷幕。

第九章

低调“独狼”与侠义情怀

任正非曾说：“我个人与任何政府官员没有任何私交关系，没有密切的工作伙伴；与中国任何企业家我没有往来，除了联想的柳传志、万科的王石，在20年中有过两次交往外；也没有与任何媒体、任何记者有交往。我个人的私人生活很痛苦，非常寂寞，找不到人一起玩。和基层员工离得更远一些。为了公司能够平衡，我得忍受这种寂寞，忍受这种孤独。”可能没有人比钟睒睒更能理解任正非的感受。

“我就是一个独来独往的人”

钟睒睒是一个非常低调的人，他性格内向，特立独行，不喜欢与人打交道，经常独来独往，显得有些神秘。在戴上“中国首富”的桂冠之前，很多人虽然对他旗下的产品如数家珍，却可能压根没有听说过“钟睒睒”的名字。即便是在他名满天下的今天，恐怕仍有一些人不能准确地叫出他的名字。

在公众场合，很难见到钟睒睒的身影，因为他很少参加应酬，几乎从不参加企业家协会。很多企业家都喜欢社交活动，比如柳传志发起泰山会，王兴与刘强东在乌镇组起东兴局等，钟睒睒却从来不感兴趣，尽管身为浙商，他也从来不参加马云的浙商大会。他从不参与各种荣誉评选，就连万泰生物在上交所的敲钟仪式，作为大股东的他也缺席了。他将自己隐藏得如此之深，还曾直言：“真正做企业的人不会过多露面。”

“浙江这里很多生意是在酒场上、赌桌上谈的，但我们几乎看不到老板参加这样的应酬，晚上他办公室的灯常常是亮着的，我们经过时朝里面看一眼，他都是在工作或者在读书。”跟他办公室毗邻的下属这样说。

他也极少接受媒体采访，在他看来，“真正地沉下来研究的企业家是不想多说的，任正非从来都不说。为什么他不说？他不是不想说，因为很多时候说的都是误解，报道出来的东西都不是你说出来的东西，因为你不理解。不是我不想出来（接受）采访，我害怕被曲解。”

正因如此，媒体送给钟睒睒一个绰号——“独狼”。钟睒睒似乎并不介意这个绰号，相反，他从来不掩饰自己内向、孤高的性格，他曾经坦率地说：“我就是一个独来独往的人，同行们在干什么、想什么，我根本不管。”

钟睒睒并不在乎自己在商界有没有朋友，他始终坚持一种独到的观点：“商品社会不需要主流非主流，结果最重要。很多人会觉得我不合群，我这个人确实很自负，我一般不跟谈不拢的人多谈。但是我觉得我自己不孤单，我有我的圈子，我有自己的生活方式，我有我的朋友群。这是一个人的性格决定的，没有对错，只有适合不适合。”

因为常常打破一些人们长期以来视为真理的“游戏规则”，钟睒睒显得很另类。比如，对于做产品，他一直有着自己独特的方法。在他看来，很多人把产品叫作商品，但商品跟产品是两回事，产品里包含着研究成果、心血、科技、岁月的积累。“商品不一样，商品是售价，是商场里的买卖关系。如果一个企业不通过产品来向社会表达它的贡献，那要这个企业干什么？”钟睒睒曾反问采访他的记者。

钟睒睒甚至放话：中国有哪一个专家能有农夫山泉的知识积累？如果有，我随时随地站出来跟这个专家辩论，我愿意挑战所有专家。

有媒体因为他的狂傲而质疑他，他毫不在意：“如果我说错，我愿意承担法律的制裁。如果伤害了对方，我说的不是真实的，我愿意承担法律责任。”

“这200年来，中国的企业家肩上承担的责任是什么？我们要创造产品，通过我们的产品来告诉这个社会我们的认知、我们的理想。你应该静下心来研究。可是，研究产品的人几乎都成了穷人。”他说，“我希望任何一个企业也好，创业者也好，先去积累知识。如果这个知识是人类目前还没有解决的一个问题，那我相信你能成功。”

在钟睒睒看来，人类的创造从一个点开始，因为有很多人不断地在上面画，所以就慢慢变成了一个圆。这个时候要打破圆，你必须在圆上面再画出去椭圆，画出去椭圆时就是创新。人类的进步就是这样一个不断创新的过程。创新需要两个东西：金钱、时间。没有时间的积累，成不了经典。创新的阻力往往来自于自己。

钟睒睒的“独”，是特立独行，是独来独往，也是独善其身。

面对新形势，很多企业纷纷转型，但是转着转着，就忘记了来时的路，甚至忘记了自己是谁。钟睒睒曾就经济发展到底是升级还是转型发表过这样的看法：“人们对升级转型有着认识上的误区，认为转型就是盲目地抛弃掉自身原有的，但这种想法是错误的。升级比转型更为重要和关键，突破自身瓶颈的过程是一个走向更高、更强的过程，是一个不断突破、不断创新的过程。”

钟睒睒说过一句话，“拒绝平庸，拒绝土豪”。这句如同标语般的话点破了产业升级的关键。让自家的产品在竞争中脱颖而出，是每一个企业破局的关键，只有了解到产品创新、产业升级的重要性，企业自身才能不被局面所困。

正因为深谙这一点，钟睒睒才始终不忘初心，在时代的风口上，带领着农夫山泉一步步升级，走向更大的辉煌。

高调做事，低调做人，钟睒睒将这一点真正做到了极致。

在商场打拼多年，钟睒睒一直孤军奋战，但他从来不觉得有负担、有压力，反而乐此不疲。因为在下海从商之初，钟睒睒就期望自己与一般商人不同。在1989年下海从商之前写给自己的一封信中，他这样写道："钱，仅仅是钱还是不够的。我的目标要高得多。"关于成功的因素，钟睒睒也说过，很多商人第一考虑的是"我要赚多少钱"，他首先考虑的是做出来的产品能不能提高一步。产品只要能为消费者服务，就一定会得到消费者的回报。拥有消费者，企业就拥有了生存和发展的基础，这就是"先民后己"。

钟睒睒曾经对媒体说，他很佩服能踏踏实实做实业的企业家，任正非就是一个。钟睒睒与任正非有很多相似之处，他们同样低调，有着同样的孤独。任正非曾说："我个人与任何政府官员没有任何私交关系，没有密切的工作伙伴；与中国任何企业家我没有往来，除了联想的柳传志、万科的王石，在20年中有过两次交往外；也没有与任何媒体、任何记者有交往。我个人的私人生活很痛苦，非常寂寞，找不到人一起玩。和基层员工离得更远一些。为了公司能够平衡，我得忍受这种寂寞，忍受这种孤独。"可能没有人比钟睒睒更能理解任正非的感受。

成大事者，往往选择孤独，甚至享受孤独。懦夫从未启程，弱者死于途中，而强者却在孤独中执着前行，从不言弃。或许，任正非说过的一句话恰好可以作为钟睒睒的最佳注脚："有足够定力的孤独者，才有可能成为中国商界的孤独英雄。"

为救灾签下生死状

少年时代的遭遇，让钟睒睒能对更多身处痛苦的人感同身受，因此，当他赚到一些钱后，就开始积极投身社会公益事业。

1997 年，他设立谈家桢生命科学养生堂奖学金，并且连续数年发起“助考大行动”，为家庭困难的学生提供助学金。1998 年特大洪水灾害时，他向灾区捐献价值 100 多万元的钱物；2001 年，农夫山泉支持北京申奥，和北京奥申委联合发起“一分钱，一瓶水”活动，代表消费者捐赠 500 万元；2003 年 4 月，他又向卫生部捐赠 500 万元成人维生素，以实际行动支持战斗在抗击“非典”一线的医护人员，这也是“非典”疫情发生后卫生部收到的第一笔药物捐赠；2003 年 10 月，农夫山泉出资 1000 万元支持中国航天工程事业。

2020 年新冠肺炎疫情暴发之后，钟睒睒也是第一时间支援武汉，他紧急向武汉各大医院、一线工作人员以及志愿者等送去了水、饮料、维生素 C 和食品等物资。2020 年 1 月 26 日，农夫山泉第一批饮用水就已成功送达武汉市各大医院与火神山医院施工基地。同时，还无条件开放农夫山泉在武汉的全部库存（约 600 万瓶），为武汉当地一线医护工作人员、火神山医院和雷神山医院建设施工人员提供饮水保障，直到疫情危机解除。

相比其他企业家，钟睒睒捐款、捐物的数额或许并不算很大，但他不仅仅是捐钱，更是身体力行在做公益。

2008 年 5 月 12 日，汶川大地震发生。得知这一消息后，钟睒睒一直盯着电视里关于地震的报道，越看越觉得揪心。他紧急安排农夫山泉从全国调配 180 万箱水发往灾区，尽自己的绵薄之力。这批水原本计划于 5 月 15 日早上到达灾区，但却延期了。

钟睒睒实在是坐不住了，他决定，无论如何都要去四川灾区实地考察。“我们的水，不是捐了就不管了，我得到实地去看哪里的灾情最严重、哪里最需要水……许多战士在烈日下工作一天的给养只有两瓶水，再比如医院里受伤的病人，喝纯净水的话对骨骼的愈合是不利的，所以我特别要求为医院的伤员每个床位提供两箱农夫山泉。另外，到实地的另一个目的就是现场组织运输。”在给两个副总打电话关照了一下公司的情况之后，钟睒睒就踏上了自己的救灾之路。

到了灾区之后，眼前的景象让钟睒睒痛心不已。滚落的山石、破碎的房屋、拼死也要回家看看的归乡农民工……当电视里无数次出现过的画面真实呈现在他面前时，钟睒睒感觉有些呼吸困难：“难以想象自然界的破坏力这么大。以前为了考察水源，我们到过这些地方，原来山清水秀的地方现在变成了一片废墟，我呆在那里久久不能回过神来。”

从 5 月 16 日开始，钟睒睒一直奔波在抗震第一线，他走访了什邡的蓥华镇、红白镇，汶川的映秀镇、水磨镇，以及绵阳、北川、广元、青川等重灾区，足迹遍布之广、逗留时间之长可能超过了部分记者。在灾区拍摄的照片里，钟睒睒理着板寸，穿粗大休闲裤，挽着袖子跟灾民交谈，不像商人，更像记者。

余震不断，道路艰险，钟睒睒只能在山地徒步，或是在充满危险的山道上驾车赶路，有一次甚至与外界失去联系近 5 个小时。但钟睒睒一点儿都没有感到危险，他的心里只有争分夺秒的救灾。

一路上，钟睒睒流了太多泪。

在去往灾区的路上，钟睒睒遇到了一批又一批的志愿者。他们背着药品、食物，徒步往灾区进军，给道路还不通的灾区送去食物和饮用水。饮用水的搬运和组装是一件费时费力的活，“但无论在什么地方，只要一说我们需要多少人帮助运，马上就有志愿者站出来，几分钟内一百多个人就排队站好，开始协助搬运”。

在去映秀镇的路上，钟睒睒碰到了浙江的两支医疗救援队，他连忙拿出身边的苹果递给他们。队员们有的不肯要，有的要了一个就再也不肯拿第二个。他们都说，我们没事，后面还有不少人，给他们吃吧，虽然这是他们进灾区五六天来第一次接触到除干粮以外的食品。

在北川，钟睒睒遇到了一队部队官兵。30℃的高温，他们却已经连着四五天没有吃饭了，身边能吃的，只有冷冰冰、硬邦邦的干粮。很多战士的嘴里长出了一个个的水泡。在他们那里，看不到一瓶像样的水。当得知他们把所有的给养都给了灾区人民的时候，钟睒睒的眼眶湿了，他给战士们送上水，战士们仍不肯接受：“给更需要的人吧，一线的灾民给养还不够。”

一个北川的农民，已经被安置到绵阳了，又冒着余震赶回家，在倒塌的田舍边抢收自己的油菜。他说：“收一点是一点，连着吃了几天不要钱的救灾伙食，心里不是滋味，不能让国家这么养着我们。”

所有的一切，都让钟睒睒热泪盈眶。他实实在在被震撼了，地震灾区善良淳朴的人们，无私忘我的子弟兵、救援队、志愿者，触碰到了他内心深处最柔软的地方。后来，这些场景一直浮现在钟睒睒的脑海里，让他终生难忘。

5 月 20 日晚上，钟睒睒总结了自己多日在一线获取的信息后，致信四川省省长，他决定再捐 1568 万元的物资，其中 50 多车皮的水和果汁捐给部队——他们需要维生素，22 万箱水捐给病人——他们需要含有盐的水。钟睒睒想得如此周全。

钟睒睒带队在灾区待了 8 天 9 夜，就像一个最普通的志愿者那样拼尽全力，只为有更多的同胞重获新生。几天的时间里，他累得腿直哆嗦。最疲乏的时候，为了能回宾馆睡上一觉，他都得和对方签订“生死协议”。

直到 2008 年 5 月 23 日，汶川地震后的第 11 天，钟睒睒才回到杭州。当时的他已是满脸憔悴、皮肤黝黑。在杭州萧山机场，闪光灯和话筒将他团团围住，记者们急于从他口中打听到汶川当时的情况，又想听他自述一位亲临现场的企业家的感受。但面对镜头，这位时年 54 岁的男人却什么也说不出来，一反平时的冷酷形象，忍不住号啕痛哭起来。他哀恸的面容后来被无数次地定格、放大，出现在报纸、网络和电视机屏幕上。

这是几十年来钟睒睒第一次在公开场合流泪。

抗震救灾本是好事，也有媒体找上门来想报道钟睒睒的赈灾行为。但钟睒睒一一拒绝，且千叮咛万嘱咐：“不要在发布关于灾区的图片中选有农夫山泉产品的照片，千万不能给别人留下作秀的印象。多关注灾区，我们的微薄之力不重要。”

媒体全都吃了闭门羹。

这就是钟睒睒，满怀热忱，却又永远低调。

布局农业，农民富则中国强

“农夫山泉在赣州10年了，至今为止，没有一个项目，走过那么多弯路，投入那么多精力，有那么多失误。我的真实感觉是：不经历风雨，怎么见彩虹。”

2016年12月8日，在江西赣州信丰县，农夫山泉举行了17.5°橙的发布会。在外形酷似脐橙的建筑物内，钟睒睒声情并茂且富有激情地做了《农民富，中国强》的演讲，分享了他及农夫山泉这10年来是如何埋首种橙、艰苦攻关的，以及为实现农业现代化所付出的不懈努力。

对农业的投资，一直是钟睒睒事业版图的一个重要组成部分。

2007年，钟睒睒第一次去江西赣州。看着漫山遍野的脐橙，他决定在这里发展果园，并建厂生产橙汁。

但令钟睒睒没有想到的是，这个匆促的、未经仔细调查便做出的决定，使他付出了巨大的代价。

工厂建好后，麻烦接踵而至。首先是果园的选择有问题，因为橙园选在了又高又陡的丘陵地带，不但需要极高的人力、物流成本，果树还时常受到极端低温的影响。其次是管理有问题。他将工业管理模式生搬硬套到农业上，像雇佣产业工人那样雇佣农民，农民对果园疏于管理，致使果园产量少、果质差。除此之外，工厂选址也有问题，偏远的厂区饱受用水、用电紧张的困扰，生产期几乎天天停电，日常供水量还不足 40 吨……钟睒睒这才发现，做农业是一件很难的事，远非自己想象的那么简单。

更让钟睒睒感到绝望的是，榨汁成了拦在他面前的一道难以逾越的坎。赣南脐橙属于纽贺尔品种，这个品种榨汁是当时全世界饮料行业公认的“禁区”。原因很简单，脐橙里含有大量的柠檬苦素前体物质，经过加工之后，这种物质就会转化为柠檬苦素，使橙汁发苦、发涩。这在农产品加工领域几乎是人尽皆知的事，可钟睒睒因为盲目闯入，偏偏犯了这样一个低级错误。此外，农夫山泉花高价采购来的榨汁设备，被发现并不适合榨取橙汁，不得已，只能将其报废。

这些因对农业的轻视及经验不足导致的失误，使得农夫山泉的早期工厂一度陷入停滞，每年亏损超过 2000 万元。

“看起来不过是一个橙子、两瓶果汁，农夫山泉却为此走了非常多的弯路，几乎可以用九死一生来形容。当时，我们赣州的农业项目简直就像死了一样，此时我们才明白，挂在树上的果实，花钱是买不到的，只有花心血，才能拥有。从那时起，我们开始敬畏农业，从头学习，一点点摸索。”钟睒睒如是说。他和他的团队终于深刻认识到，“农业项目投入大，周期长，急不来”。这既是教训，又是宝贵的经验，其实也是农业规律。

面对九死一生的局面，是继续坚持，还是选择放弃？钟睒睒毅然决然地选择了前者，“既然错了，就把错的事做对”。有人说，做出这样的选择，是因为他骨子里有一股轴劲儿，不撞南墙不回头。可在他自己看来，实在是形势所迫。“钱都投下去了，工厂也建起来了，哪还有什么退路啊？”

钟睒睒埋头向前，更因为其对知识的信仰。在他看来，只要农夫山泉在这个领域积累了足够多的知识，无论是现代农业的管理难题，还是榨汁技术的瓶颈，都能迎刃而解。

敬畏农业，从头开始。钟睒睒在赣南种了10年橙子，也足足研究了10年的非浓缩还原橙汁，一步步完成了农夫山泉在农业领域、果汁生产领域的知识储备。如今，依托数据进行管理，钟睒睒对果园的叶片营养检测和土壤肥力检测进行对比诊断，给每一个果园制定有针对性的施肥标准。此外，农夫山泉还坚持进行全年全天候基础气候数据的积累，通过空气温湿度和土壤温湿度记录仪，记录各果园全年光照、空气温湿度、土壤温湿度等数据。这些看似烦琐而无关的数据，为农夫山泉的农业现代化管理夯实了基础。更重要的是，经过多年反复研究，农夫山泉的鲜橙种植与脐橙榨汁终于在2014年取得突破。

在当时的业界，很多人对此是高度怀疑的，因为脐橙榨汁的苦味是世界性难题。一个小小的插曲是，当农夫山泉向国外公司采购设备时，对方直接拒绝报价，他们认为，脐橙榨汁是“天方夜谭”，中国人不可能具备这种技术。但事实是，这一困扰业界50多年的难关的确被农夫山泉这个中国企业所攻克，钟睒睒用他的坚持向世界证明，中国人完全有能力在农业领域做到世界领先。

2015年12月，第一批17.5°橙汁正式上市。在2016年的G20杭州峰会上，这款果汁还被作为指定果汁，用于招待来自世界各地的国家元首。

在成功推出第一款NFC果汁之后，钟睒睒并没有停下自己的思考和脚步，而是致力改变NFC果汁售价偏高的状况，惠及更多消费者。一般而言，由于NFC果汁需要全程冷链存储，这大大增加了成本，因此一直以来，各类 NFC 果汁的售价普遍比普通果汁高很多，而且销售区域非常受限，很多消费者往往无法承受或难以购买到。为了改变这种状况，2016 年 6 月，农夫山泉将自己积累了 20 年的无菌灌装技术引入 NFC 果汁生产，在保持 NFC 果汁原有口感风味的基础上，成功解决了 NFC 常温存储的难题，研发出常温 NFC 果汁系列。因为不需要冷链存储，这款果汁在价格上更加亲民，也不受城市与超市条件的限制。常温 NFC 橙汁和 17.5° NFC 橙汁的橙子原料都来自农夫山泉 17.5° 橙。

至此，农夫山泉的现代农业项目初战告捷。

钟睒睒又一次以颠覆性的产品创新叫板整个饮料市场。“要论做橙汁，如今的国产饮料市场上压根就没有我的敌手。几年内，谁要是说能做出比我更好的橙汁，我连看都不看他一眼。”他傲气地说。

钟睒睒这份自信的背后，是农夫山泉 10 年来种橙、榨汁积累的知识，更是他对品质的极致追求。

要做就做到最好，要生产就生产最好的产品，这是钟睒睒一直坚持的一个原则。为此，农夫山泉为鲜果制定了 4 大标准体系、34 道作业流程、79 类管控内容和 148 项监控细项。

在采摘前，农夫山泉会对每个果园进行随机取样，每株树取两个，分外膛果和内膛果，每个果园取样 20 个以上，只有检测后糖酸比符合要求，才可进行采摘。采摘后的脐橙被运到农夫山泉信丰工厂，将会在 24 小时内完成分选。

在信丰工厂，一个个金黄诱人的橙子在生产线上传输着，接受着一道又一道的检验。在这里，光学分选仪会对经过的每个橙子拍 40 张照。表皮有没有斑点瑕疵、斑点有多大，都会被记录下来。只要有那么一丁点儿大斑点，这只橙子就不会被选进鲜橙行列。糖度检测仪则会对橙子进行无损红外扫描，测定橙子的糖酸比。另外，在生产线上，过大或过小的橙子，也无法作为鲜橙出售。

经过一轮又一轮严格的筛选，脐橙终于完成了“竞争上岗”。打开一箱 17.5° 橙，每个橙子都能保证表皮完整度统一、个头均匀，外观和口感都是棒棒的。

每个上了包装的鲜橙上都会有一张二维码，消费者只要用手机扫描一下，就可以为这个脐橙验明正身。比如，你扫描了一个脐橙上的二维码，手机上就会出现如下信息：这个脐橙是正品 17.5° 橙，属于“铂金”星级，来自基地管理员钟志宏赣县管理片区，基地日照长度达 1920 个小时，日照充足，糖度高，风味好。

即便如此，钟睒睒仍不满足，他还有更高的要求。比如继续通过改善土壤环境来进一步改善脐橙的品质。在接受媒体采访时，他曾说：“我们要让脐橙摘下来后，放到家里，都能飘出橙香来。”

继 17.5° 橙之后，钟睒睒又在新疆布局苹果产业，推出 17.5° 苹果。因为，NFC 果汁是不用糖的，代替糖调节酸甜度的是苹果汁，所以苹果在 NFC 产业中格外重要。从 2008 年开始，农夫山泉便在新疆建立了苹果科研团队，2014 年开始投苹果项目，到 2018 年，已拥有 2000 亩示范果园，并在当地农户中推广了 4000 余亩。

钟睒睒说，做农业一直在亏钱，但做农业的决心始终没有动摇过。继橙子、苹果之后，农夫山泉又在农产品领域陆续布局大米、茶叶、杏、石榴等农产品。如今，农夫山泉已经建立了新疆基地（红富士产区）、杭州基地（龙井茶产区）、东北基地（东北香米产区）、瑞德农场（内供果蔬基地）、江西基地（17.5° 橙产区）五大农夫基地。

钟睒睒为什么独爱农业这片天地？

这源于钟睒睒心中一种深深的农民情结。钟睒睒与农民有着很深的渊源，用他自己的话说，他也是个农民。少年、青年时代，他下田务过农，也做过泥匠、瓦匠、木匠等营生。即便后来在《浙江日报》做记者，报道的领域也是“三农”。在海南闯荡时，钟睒睒早期的一个创业项目便是种蘑菇。因此，当事业获得成功后，他仍心系农民，希望能为他们做点儿事。

在农夫山泉 17.5° 橙的发布会上，钟睒睒反复表达了要善待农民这个观点。尤其是谈到几代赣南橙农增收困难时，桀骜不驯的钟睒睒竟然当众流下了热泪，哽咽着拿出纸巾抹泪。他说，中国的农民是最质朴的，也是最需要关心的，“我们欠农民的太多”。

因此，钟睒睒做农业，一个重要的原因是他想带动果农一起致富。很多人做农业就是满世界地寻找好产品，选定后贴上自己的品牌包销。而钟睒睒做农业，“想的是怎么产生附加值，把一个蛋糕做成两个，而不是和农民去分同一块蛋糕”。因为只有这样，才能让更多农民真正受益。他还说：“农夫山泉的目标是保障农民的收益，我们要挣有钱人的钱，而不是挣农民的钱。”

因此，农夫山泉将自有果园承包给当地果农，并和当地优质的果园合作，进行统一管理，按质按量进行收购。在与当地农民合作时，农夫山泉会跟他们结成契约联盟，签订合同遵循“一松一紧”原则。“一松”就是脐橙的价格由市场决定，绝不压价。“一紧”就是什么时候施肥、施什么肥等，供应商必须按合同来，这是为了保证产品的质量。这样一来，不但确保了脐橙的品质，还真正提升了果农们的收入。

曾有媒体问及，赣南的橙农与他合作到底能不能赚到钱。钟睒睒没有直接回答，他说：“我刚创业那会儿，在海南办蘑菇种植公司，企业干倒了，欠了一屁股债。可即便是那时，我也不曾欠过那些帮我种蘑菇的农民一分钱。”他反问记者：“你说，今时今日，我还能掐算着靠跟农民争利去赚钱吗？”

事实上，果农确实从与农夫山泉的合作中尝到了甜头。

2015 年赣州脐橙丰产，可是丰产却不能丰收，最低收购价降到了每斤 1 元，而农夫山泉给出的收购价却提高到了每斤 2.5 元。和农夫山泉合作的近千户果农，每户收益 26 万元。

《钱江晚报》的记者曾经采访过赣南的农民，有一位叫李建平的老农种了 2400 多株脐橙树，这是他们家主要的经济来源。据这位老农介绍，往年脐橙价格很不稳定，最低时每斤 0.6~0.8 元都卖过，大多数时候价格在 1.3~1.8 元，每年采摘之前，心里都没底，就怕增产了也不增收。但自从 2015 年与农夫山泉开始合作后，收购价一下子提到了 2.66 元，销售收入从以前的 30 多万元翻到了 50 多万元，这让他高兴极了。“群众的眼睛是雪亮的。”2015 年，李建平所在的村子有 50% 的果农跟农夫山泉合作，到了 2016 年，这个比例已经提高到了 90%。

农民收入增加了、生活富裕了，让钟睒睒觉得自己所做的一切都是值得的。不过，这还不足以让他满足，他还有更大的“野心”：“农业不易，农民不易。我们在农业现代化上所做的努力、所取得的成绩，还只是漫漫长征路的第一步。我希望农民和农夫一起建立长期契约关系，我们希望用诚信推进中国的农业现代化，来改造整个社会的素质，来改变社会对农民的看法、对商人的看法、对市场经济的看法。”

一个小小的橙子，折射出的是钟睒睒善待农民的悲悯与胸怀。“他是比较有英雄主义色彩的一个人。”张培力曾这样评价老友钟睒睒。

钟睒睒的确当得起这样的评价。

附　录

名言录

1.文人中的能人只能算半个强人，商人中的能人才是真正的强人。

2.我认为，产品与产品的比较一定是造福消费者的，我们很多人把产品就叫作商品，商品跟产品是两回事，产品里面包含着研究成果、心血、科技、岁月的积累。商品不一样，商品是售价，商场里面的买卖关系。如果一个企业不通过产品来向社会表达它的贡献，那要这个企业干什么？

3.这两百年来，中国的企业家肩上承担的责任是什么？我们要创造产品，通过我们的产品来告诉这个社会我们的认知、我们的理想。你应该静下心来研究。

4.我希望任何一个企业也好，创业者也好，先去积累知识。如果这个知识，是人类目前还没有解决的一个问题，那我相信你能成功。

5.人类的创造从一个点开始，慢慢变成一个圆。因为有很多人不断地在上面画，所以就变成了一个圆。这个时候要打破圆，你必须在圆上面再画出椭圆，画出椭圆的时候就是创新。人类的进步就是这么一个不断创新的过程，创新的代价和阻力是自己。创新需要两个东西：

金钱、时间。没有时间的积累，成不了经典。

6. 钱，仅仅是钱还是不够的，我的目标要高得多。

7. 什么叫主流？人多并不一定代表主流，不是说你掌握了话语权，掌握了大媒体，你的声音大，你的声音多，你就是主流。真正的主流是必须把握民意流动的方向。

8. 我认为“忠实用户”几乎是不存在的，当苹果手机诞生的时候，所有诺基亚手机的忠实用户都一个晚上“倒戈”。科学的颠覆性，在于你创造的价值含量。消费者只有一个认知——给我带来什么好处，消费者没有第二认知。大家都是消费者，我认为“忠实用户”这四个字，实际上是个杜撰的概念。

9. 升级和转型的区别非常大：转型是必需的，任何时代都需要的。但是你把 80%、90% 的声音都放在转型上了，这会误导一个国家。

10. 饮用水行业现在的情况是劣币驱逐良币，一些利益群体利用城市自来水制造纯净水，最大的好处就是低成本。

11. 互联网是一种工具，不代表生产力，不是我们经济发展的全部，我们太把它当回事了。互联网作为工具，传统企业要学习，更要运用，但是千万不要因它迷失了自己的方向。

12. 真正做企业的人不会过多露面。

13. 传统企业应该把大数据和人工智能作为加速自己知识进程的一种工具，加强自己的知识力量，在各自的领域当中，发掘人所未知的、属于你的独一无二的新知识，让知识变得有竞争力。

14. 我特别反感“定制”两个字，定制可以说代表着无知，只有无知的人才会讲“定制”，他根本不了解工业化的过程，定制意味着成本。

15. 生意两个字，“生”就是生存，“意”就是意义，就是说企业生存的意义就是生意。企业的最高境界不是大，而是长远。

16. 企业有两类，有一类企业，你就要看它的科技创新程度和在行业中占领的位置。还有一种企业就是快速消费品企业，看在所占有的这个产业当中你是不是最早进入的，是不是可以做出你的标准，这个标准是不是你建立的，还有你有没有可替代性。我认为，企业战略要考虑这些范畴、这些方面，如果对这些范畴、这些方面思考到位了，我认为我的责任已经完成了。

17. 我现在考虑的每一个产品都要考虑一百年，也就是你要走得下去，你即使要进行技术改进，也不成为非常重要的问题。因为高技术是短命的，高技术、高科技伴随的就是更新换代。你占据了一个好的水源，你占据了整条价值链，你的价值链的管理做好了，你的企业的行业标准都是你的。

18. 看一个企业，不是看它的“孩子”有多少，而是要看它的“孩子”是不是别人没有生过的。营销学上永恒的定理：早比好更重要。

19. 我们拥抱竞争，我们欢迎竞争，我们认为竞争会带给老百姓好处。但是我们希望光明正大地竞争，我们希望（竞争是）摆在桌面上的竞争，我们不希望（竞争是）阴暗的竞争。

20. 我们传统企业不能在快车道上跟人家比拼，我们要在慢车道上拼自己的个性、独特性。

21. 任何营销活动的成功，必须以产品作为背书。你没有很好的产品，再好的营销活动也是意思意思。像无线的风筝一样，可能会飘上去，但飘高了以后，可能你飘得不长久。所以，我觉得，每个营销活动还得以产品作为自己的底子，如果你产品底子不好，那么营销活动可能加速死亡。如果你产品底子好，那么每次营销活动都会帮你增量。

22. 我们要生产的不仅仅是有形的产品，更是无形的知识。知识的产生速度、人才的集聚速度与产品的创新程度一定是正相关关系。

23. 我不会要求科研项目有明确的商业产出目标。如果科研人员一天到晚想着商业，想着市场回报，创新精神就变味了。用创新精神探索、认知未来，这才是我们要做的事情。

24. 一个小企业要发展壮大，它所经营的种类必须具有唯一性，而且必须是暴利的。因为没有规模效应来供你慢慢积累。

25. 我们始终认为，一个产品在概念设计时就应该看出它是不是好产品，而包装和推广只不过是锦上添花。如果产品本身不行，没有好的基因，那么再怎么包装和宣传，也无法很好地推往市场。

26. 我做企业这么多年，就是为了可以随心所欲地做广告创意！

27. 最好的营销就是“事件营销”，创造事件、抓住事件，就会抓住一切。

28. 好的广告，不仅是引起用户关注，更重要的是让用户讨论。

29. 企业不会炒作，就是木乃伊。但炒作不是夸张或者作秀，而是运用商业智慧自我宣传，产品的质量内涵始终是任何企业长久发展的最终支撑点。

30. 奢侈不是一件坏事情，经典是人们的需求。

31. 市场经济企业的名誉要大于它的固定资产，名声不好了，什么东西都卖不掉。

32. 砸钱做出来的是愚昧。任何一个产品都是人类知识的积累，如果没有知识的积累，光有钱砸下去有用吗？我们大家砸砸看，我们把金子砸在地上，能长出金子来吗？当然钱是必须要的，但要看钱掌握在谁的手上。

33. 凡是我们做出来的产品，没有一个可以是第二，技术标准和质量标准一定是第一位的。

34. 人们对升级转型有着认识上的误区，认为转型就是抛弃掉自身原有的，但这种想法是错误的。升级比转型更为重要和关键，突破自身瓶颈的过程，是一个走向更高、更强的过程，是一个不断突破、不断创新的过程。

35. 现在的“80后”“90后”，知识面多丰富。“90后”“80后”“60后”“50后”，那是一步一个情况。“00后”更厉害，因为他获取知识的管道比你宽太多了，信息量比你多多了。但是问题就是他愿不愿意坐下来，静默下来做一件事情，如果他愿意静默下来做一件事情，他的能力是远远超过我们的。所以对这一代消费者，你只有一个征服点，就是让他看到新的东西，看到好的东西。他非常善于评价。因为他的知识面广，他见多识广，世界上你根本无法想象到的地方，角角落落他已经搜出来了，这家东西谁做过了谁没做过，这个以前是谁做的，你是跟谁的还是创新的，他清清楚楚。

36. 我们的销售目标没有目标，为什么？因为销售目标不是说你生产什么由生产者决定，而是消费者决定的。我们只有成功地创造符合消费者需要的产品，满足了消费者的需求，或者我们提供了解决问题的方案，解决了你在产品上的满足感、满意感，我们才能达到我们的要求，我们才能发展。对于销售来说，我们是永远不放目标的。我们的任何团队，销售从来不谈目标。如果把销售放在第一位的话，那么，我们的公司寿命是有限的。

37. 我既不管财务也不懂财务，我就不知道有多少钱，也不知道要怎么投入。我像银行一样，谁做得好、谁的知识产生率大，我就给谁。我们在内部，不讲究哪一块产品（利润）产得高。如果这样的话，这个公司没有前途。我们一定要看你知识的产出量有多少，如果你这份产品的知识含量很高，即使卖不好，因为我是一个储备，（也会投入，）我将来某一个时间需要你这块知识的时候，我就用得上。我不会急功近利，这个东西有用就做这个东西，那样我整个公司的方向是有问题的。

38. 科学很特殊的地方就是反复比较，反复比较才叫科学。实际上，科学这种“横空出世”的东西，几乎不太有。或者你有一个浪漫主义的想法，但还是要有很多科学的手段去验证它，你不断去验证它是不是存在、是不是客观。

39. 如果你不能在这个产品中给别人带来更多的好处，谁需要你这个产品？多一个不多。做一个普通产品，中国人有的是能力。我们现在缺少的是做高端产品的能力。

40. 我们在其他领域有很多积累。这种积累使你可以快速地进入一个新的领域，而且这个新的领域跟你的研究底子和速度可以成正比关系，你研究越丰厚，积累越丰厚，你的速度就会超上来。

41. 互联网不是思维，思维是人类特有的东西，因为思维是有体温的，只有人产生思维，世界上没有一种动物像人一样能产生思维。用这个推论推过去，互联网没有思维，互联网就是工具。

42. 没有传统实体企业就没有人类进步的基础，现在到了重新正视传统实体企业价值的时候了。传统实体企业应该有足够的自信，过去的习惯、经验、知识、时间和成功的数据，都是宝贵的财富。

43. 传统企业要学会发出自己的声音，不能让互联网的大咖左右舆论的方向，你的品牌就是你的声音，你的历史就是你最好的故事。

44. 我们不用数据做决策。当你看到数据的时候已经是过去时了，你永远追不上。如果用数据做决策，最多只是一个二流企业、二流的投放，一定要有超前的意识。

45. 广告是怎么来的？广告本身是对产品的一种长期思考。广告不是想出来的，想是想不出广告来的，必须从制造产品前就已经有了你的观念，你才能创造出一个好的广告。这就是为什么农夫山泉的产品和广告都是连在一起的，产品开始以前基因已经在那里了，产品的生命已经在血液当中，这就是这个公司的文化。

46. 只要有自由的思想，有自由的舆论环境，以中国人的聪明程度和勤勉程度，一定可以在更短的时间里走到世界高峰。我们要看历史，以史为鉴，把心静下来，不要那么浮躁。

47. 人类在贮存、记忆方面不如电脑，这是事实，阿尔法狗是一种完全的理性，一种人类设定的静态规则之中的理性，但理性并不是人类进步的全部。人类大脑的复杂性和创造力是无法预知的，不应当强制所有人朝着一个方向发展，人类进步的方向在绝大多数状态下也是未知的。

48. 从历史上看，大数据、人工智能只是人类进步过程中的重要一步。而人类进步过程中更多的原创性则来自偶然发现，从偶然中推出规律，用规律推动世界进步。大数据、人工智能是从数据中推演数据，而人类的智慧在于人类仍然扮演着选择、判断、存贮和处理数据的关键角色。

49. 现在，从劳动分工到知识分工，单个个人、单个企业所拥有的知识，在人类知识库的总量中所占的比例越来越小了，传统企业准备新的知识系统成为非常必要的事情。传统企业的升级不是一件容易的事，但难度再大，升级也是传统企业必须选择的唯一道路。

50. 升级的第一步是观念的升级。升级是一种内在观念的演变，观念的演变需要新的复合知识来支撑，不同的产品、不同的品牌，升级的路子是不尽相同的，但有一条是相同的，就是观念的升级。传统企业的出路在于提升自身的学习能力，互联网只是工具。

51. 我们正在经历从劳动分工到社会分工的阶段，未来社会为传统企业创造了非常多的知识窗口。传统企业应该把大数据和人工智能作为加速自己知识进程的一种工具，加强自己的知识力量，在各自的领域去发掘人所未知的、属于你的独一无二的新知识，让知识变成你真正的核心竞争力。

52. 很多商人首先考虑的是“我要赚多少钱”，我首先考虑的是自己做出来的产品能不能提高一步。产品只要能为消费者服务，就一定会得到消费者的回报。拥有消费者，企业就拥有了生存和发展的基础，这就是“先民后己”。

53. 我们的聪明才智要拿来做产品，能将一瓶水做到极致，也是一种工匠精神。当下普遍都在追求快钱，都在搞互联网，而实体几乎没人去钻研，一个国家如果都是这样去追求快钱，去空手套白狼，最后肯定是不行的。泡沫终究是泡沫，总有破的那一天。

54. 做产品是为了让消费者多一种选择，而不是为了让货架上多一个品牌。

55. 传统企业需要什么？我们需要升级、升级、再升级，把中国产品升级到世界水平。我们只有一条路可走，因为我们无路可走。

大事记

1954 年　钟睒睒出生于浙江杭州的一个知识分子家庭，小学五年级被迫辍学，曾做过泥瓦工、木工。

1977 年　恢复高考后，钟睒睒考上电大。毕业后进入《浙江日报》并在此工作 5 年。

1988 年　国家正式批准设立海南经济特区，钟睒睒正式下海，从浙江奔赴海南经商。起初，他雄心勃勃地要创办中国第一份私营报纸，取名《太平洋邮报》，意为临南海而怀大洋，但最终不了了之。之后种起了蘑菇，也是以失败告终。两次创业失败耗光了他所有积蓄，他不得已去大街上摆地摊，慢慢积累起了经验和东山再起的家底。

1991 年　钟睒睒成为娃哈哈口服液广西和海南两地的总代理商，这为他后来创立农夫山泉埋下了伏笔。

1993 年　钟睒睒创办海南养生堂药业有限公司，打响了养生堂龟鳖丸、清嘴含片、成长快乐等品牌，这份事业让他一战成名。

1996 年	钟睒睒回到杭州，创办了浙江千岛湖养生堂饮用水有限公司。
1997 年	“农夫山泉”包装饮用水产品上市。
1997 年	为支持教育事业，钟睒睒设立谈家桢生命科学养生堂奖学金，并连续数年发起“助考大行动”，为家庭困难的学生提供助学金。
1998 年夏季	长江流域遭受百年不遇的特大洪水灾害，钟睒睒当即派出小分队前往灾区慰问，并带领全体员工向灾区捐献 100 多万元的钱物，支持灾区的救灾工作，为此，他荣获中华全国工商联合会颁发的“人民不会忘记”奖牌。
1999 年起	农夫山泉支持“国球”事业，连续 4 年成为中国乒乓球队的主要赞助商。
1999 年 12 月 29 日	国家工商行政管理局商标局认定养生堂有限公司持有的“养生堂”商标为中国驰名商标。
2000 年	钟睒睒宣布农夫山泉放弃做纯净水，转为生产天然水，并挑起了纯净水与天然水之争，掀起了“世纪水战”。
2000 年	农夫山泉被选定为 2000 年奥运会中国体育代表团比赛训练专用水，养生堂公司被授予“2001—2004 年中国奥委会合作伙伴 / 荣誉赞助商”称号。

2000 年 1 月	“中国跨世纪十大策划经典个案”评选揭晓，以钟睒睒为首策划的“农夫山泉有点甜”名列其中。
2001 年	养生堂改制成为农夫山泉股份有限公司，推出农夫山泉、农夫果园、尖叫等国内知名饮料品牌。此后“农夫山泉有点甜”“我们不生产水，我们只是大自然的搬运工”等广告语，响彻大江南北。
2001 年	钟睒睒持股 98.38% 的养生堂斥资 1710 万元收购万泰生物 95% 的股权。
2001 年	农夫山泉支持北京申奥，被授予“北京 2008 年奥运会申办委员会热心赞助商”。同年，和北京奥申委联合发起支持北京申奥的“一分钱，一瓶水”活动，代表消费者捐赠 500 万元。
2002 年 2 月 1 日	在国家科学技术奖励大会上，钟睒睒旗下的北京万泰生物药业公司与厦门大学养生堂联合实验室共同研制的艾滋病毒诊断试剂，荣获 2001 年度国家科学技术进步奖二等奖。
2002 年	农夫山泉公司和国家体育总局联合发起被称为“体育界希望工程”的“阳光工程”，向全国 24 个省、329 个市、县的 395 所学校赠送了价值 500 多万元的体育器材。
2003 年 4 月 23 日	向卫生部捐赠 500 万元成人维生素，以实际行动支持战斗在抗击“非典”一线的医护人员，这也是“非典”疫情发生后卫生部收到的第一笔药物捐赠。

2003 年 10 月	农夫山泉出资 1000 万元，支持中国航天工程事业，被授予“中国载人航天工程赞助商”“中国航天员专用饮用水”两项荣誉称号。
2008 年	汶川大地震发生后，钟睒睒在汶川待了整整 8 天 9 夜，为灾区运去 160 多车农夫山泉饮用水，他亲自赶赴一线，和员工、志愿者、消防官兵一起搬运。
2009 年	钟睒睒遭遇“砒霜门”事件，高调向海南省海口市工商局维权。
2010 年	钟睒睒旗下的养生堂与浙商证券、通联资本、浙大网新集团发起成立浙商基金，4 家均分股权，各持 25%。
2012 年	农夫山泉销售额突破 100 亿。
2015 年	农夫山泉推出农夫山泉玻璃瓶高端水、农夫山泉儿童天然饮用水和农夫山泉学生天然矿泉水。
2019 年	万泰生物全资子公司厦门万泰与厦门大学联合研制的二价 HPV 疫苗获国家药监局批准，成为首支获批的国产宫颈癌疫苗。2021 年 10 月，该疫苗正式通过世界卫生组织预认证，可供联合国系统采购。
2020 年 4 月 7 日	钟睒睒以 20 亿美元财富位列“2020 福布斯全球亿万富豪榜”第 1063 位。

2020年4月29日	北京万泰生物药业股份有限公司在上交所上市，发行4360万股，发行价为8.75元，募资3.815亿元。
2020年4月30日	农夫山泉向港交所递交了上市预披露文件，正式谋求上市。
2020年8月3日	钟睒睒以121亿美元（约合人民币837亿元）身家名列“福布斯中国医疗健康富豪TOP50榜”第6位。
2020年8月21日	万泰生物公告，公司的新型冠状病毒核酸检测试剂盒被列入世卫组织应急使用清单。同日，万泰生物披露的首份财报显示，公司上半年实现营业收入8.44亿元，同比增长61.13%；实现归母净利润2.44亿元，同比增长186.73%。
2020年8月25日	农夫山泉公告称，即日起招股。招股书显示，2012—2019年，农夫山泉连续8年保持中国包装饮用水市场占有率第一的地位。2017年、2018年和2019年，农夫山泉分别实现收入174.9亿元、204.8亿元和240.2亿元，实现年内溢利（即年度净利润）33.9亿元、36.1亿元和49.5亿元。
2020年9月7日	港交所披露农夫山泉上市的进展，农夫山泉香港IPO定价为21.5港元/股，募资约81.5亿港元。

2020年9月8日	“大自然的搬运工”农夫山泉在港交所上市，开盘价为39.8港元/股，较发行价的21.5港元/股，暴涨85.12%。
2020年10月	2020胡润百富榜发布，钟睒睒位居第三。
2020年12月31日	钟睒睒以778亿美元身家位列亚洲首富、全球第八富豪。
2021年1月13日	万泰生物发布公告，钟睒睒因个人原因辞去公司董事、董事长职务，同时辞去公司董事会战略委员会召集人、董事会提名委员会召集人职务，不再担任万泰生物任何职务。
2021年3月25日	钟睒睒卸任农夫山泉抚松长白山天然矿泉水有限公司法定代表人。
2021年4月	“福布斯全球富豪榜”发布，钟睒睒以689亿美元财富位列榜单第13位。
2021年9月16日	钟睒睒作为实控人的关子私募基金管理（杭州）有限公司在中国证券投资基金业协会完成备案登记，钟睒睒由此进入私募领域。
2021年11月	钟睒睒入选“2021福布斯中国内地富豪榜”，以4244亿元财富排名第一位。
2021年12月	钟睒睒入选“2021中国品牌人物500强”榜单。

2022 年 3 月 17 日	胡润研究院发布“胡润全球富豪榜”，钟睒睒以 4550 亿元位列榜单第 15 位，蝉联中国首富。
2022 年 4 月 5 日	福布斯发布了 2022 年全球亿万富豪排行榜，钟睒睒以 657 亿美元的身家在国内排名第 1 位，在世界上排名第 17 位。

主要参考文献

1. 许洁. 慢跑道上的前行者：农夫山泉的经营哲学[N]. 经济观察报，2020-09-18.

2. 章卉，杨颜菲. B面钟睒睒：记者出身的“独狼”老板[N]. 浙江日报，2020-09-08.

3. 周小丹. 饮料极客：玩叛逆的“娃哈哈公主”[EB/OL].（2016-07-01）[2022-06-17].https://www.sohu.com/a/106265793_320672.

4. 麦斯. 亚洲首富钟睒睒：猛兽总是独行[N]. 时代周报，2021-04-09.

5. 南北. 农夫山泉钟睒睒：半个小时的首富[EB/OL].（2021-04-10）[2022-06-17].https://baijiahao.baidu.com/s?id=1696656616246844197&wfr=spider&for=pc.

6. 周享玥. 亚洲新首富炼成记：钟睒睒一年身家涨915亿美元，超3个雷军[EB/OL].（2021-01-07）[2022-06-17].https://baijiahao.baidu.com/s?id=1688225021561636961&wfr=spider&for=pc.

7. 琼恩. 卖水首富的三次交手：钟睒睒向左，宗庆后往右[EB/OL].（2020-09-09）[2022-06-17].http://finance.sina.com.cn/roll/2020-

09-09/doc-iivhuipp3409532.shtml?cre=tianyi&mod=pcpager_fin&loc=17&r=9&rfunc=45&tj=none&tr=9.

8. 仉泽翔. 钟睒睒成亚洲首富：靠卖水身家948亿美元，曾批互联网和房地产[EB/OL].(2021-01-09)[2022-06-17].https://baijiahao.baidu.com/s?id=1688406160731960248&wfr=spider&for=pc.

9. 萧田. 中国首富钟睒睒不光靠卖农夫山泉，还有800亿的医药帝国[EB/OL].(2020-12-15)[2022-06-17].https://baijiahao.baidu.com/s?id=1686139150127464045&wfr=spider&for=pc.

10. 周介眉. 我所认识的钟睒睒[EB/OL].(2014-01-21)[2022-06-17].https://www.vsread.com/article-395279.html.

11. 隋馨. 农夫山泉董事长：最会"生孩子"的老板[N]. 科技日报，2009-12-14.

12. 南方. 钟睒睒：低调卖水大鳄进入富豪榜三甲，"真正做企业的人不会过多露面"[EB/OL].(2020-11-13)[2022-06-17].https://baijiahao.baidu.com/s?id=1683221064537795368&wfr=spider&for=pc.